styleguide
Berlin

eat
shop
love it

Ellen Teschendorf
Petra Albert

Inhalt

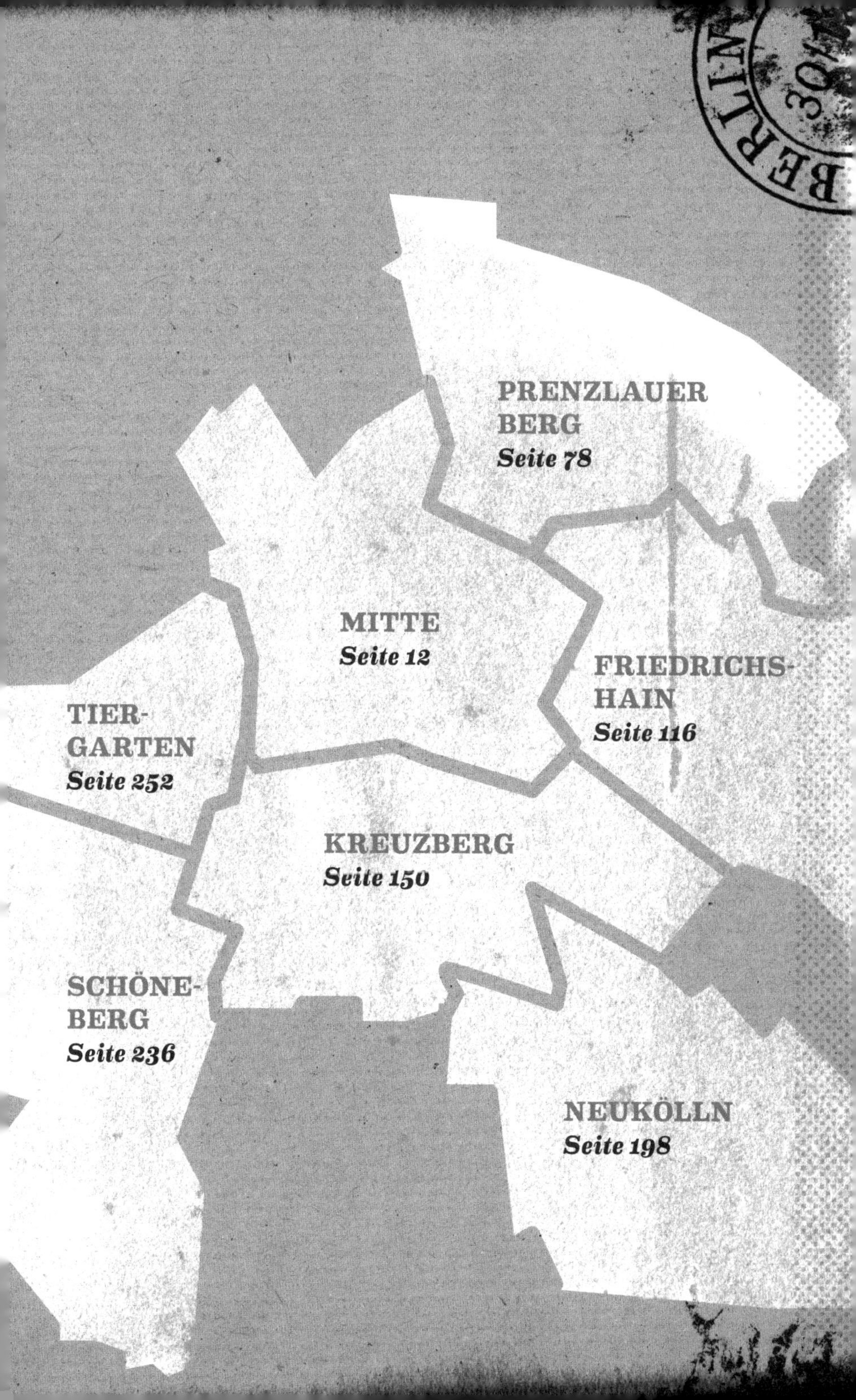

BERLIN 30
PRENZLAUER BERG
Seite 78
MITTE
Seite 12
FRIEDRICHS-HAIN
Seite 116
TIER-GARTEN
Seite 252
KREUZBERG
Seite 150
SCHÖNE-BERG
Seite 236
NEUKÖLLN
Seite 198

Willkommen in Berlin

Petra und ich wohnen unglaublich gern in Berlin. Die Stadt ist schön, charaktervoll, eigen, vielseitig und immer für eine Überraschung gut.
Als Berlinerin habe ich hier schon viele Veränderungen erlebt. Die gravierendste ging mit dem Mauerfall einher. Der Hackesche Markt, an dem ich aufgewachsen bin, war früher ein reines Wohnviertel, heute ist der Bezirk eine der belebtesten Einkaufsgegenden von Berlin.
Wenn ich die vielen Touristen am Brandenburger Tor, in der Schlange vor dem Fernsehturm oder verzweifelt in einen S-Bahn-Plan starrend sehe, bin ich froh, mir diese großartige Stadt nicht in drei Tagen anschauen zu müssen, sondern in ihr zu leben, ein Teil von ihr zu sein, sie problemlos zu verstehen. Ich mag auch die Ruppigkeit von Bus- und Taxifahrern. Nehmen Sie es ihnen bitte nicht übel, sie meinen es nicht so, der Berliner hat einen sehr weichen Kern.
Was Berlin so spannend macht, ist der permanente Wandel. Die Stadt ist eine riesige Spielwiese des Ausprobierens. Einige Bezirke, wie Charlottenburg und Schöneberg, sind mittlerweile sehr gesettelt. In anderen Bezirken wie Neukölln ist noch vieles im Werden. So kann es sein, dass einige der vorgestellten Adressen sich vielleicht schon wieder verändert haben, beziehungsweise neue Shops entstanden sind.

Das Buch soll kein klassischer Berlin-Reiseführer sein– davon gibt es viele. Wir möchten Sie an Plätze führen, zu kleinen besonderen Adressen, die Berlin ausmachen und den Alltag so liebenswert machen. Wie zum Beispiel die ***Markthalle neun*** (S. 192), die mit ihren ambitionierten Händlern den Wochenmarkt neu erfindet, oder den ***Klunkerkranich*** (S. 208), deren Betreiber eine riesige ungenutzte Fläche mitten in Berlin zu einem Kulturtreffpunkt machten.
Je nach Größe und Attraktivität führen wir Sie in ein bis vier Touren durch acht ausgewählte Bezirke. Jede unserer Touren kann man an einem Tag schaffen. Meistens fangen sie mit einem Tipp für ein Frühstück an und enden mit einem Restaurant für den Abend. Sollten Sie noch kein Hotel gebucht haben, so werden Sie in diesem Buch ein paar Vorschläge finden, die unterschiedlicher nicht sein könnten. Von außergewöhnlich bis elegant, von ganz klein bis groß. Jedes von ihnen ist eine Besonderheit in Berlin. Außerdem stellen wir Ihnen ein paar kreative Berliner vor, die wir überreden konnten, uns ihre Lieblingslocations zu verraten. Seien Sie auf ihre spezielle Sichtweise auf die Stadt gespannt.
Wir hoffen, Ihnen eine Seite von Berlin zeigen zu können, die Sie sonst nicht gesehen hätten. Wir wünschen Ihnen eine grandiose Zeit in unserer geliebten Stadt.

Berlin-Tipps

Fahrräder

Überall in Berlin können Sie Fahrräder leihen. Auch viele kleinere Hotels und Apartments bieten Ihren Gästen Räder zum Verleih an. Berlin hat viele Fahrradwege, aber seien Sie dennoch vorsichtig, denn die anderen Verkehrsteilnehmer sind selten rücksichtsvoll. Auf meiner täglichen Fahrradtour mache ich lieber einen kleinen Umweg durchs Grüne, als auf den großen Straßen zu fahren.

Auto

Das Fahren und Parken in den Innenbezirken ist schwierig. Viele Teile von Mitte, Prenzlauer Berg und Charlottenburg sind Parkbewirtschaftungszonen. Sie zahlen also meist rund um die Uhr eine Parkgebühr. Leider sind die Hinweisschilder, die den Beginn und das Ende einer Parkzone kennzeichnen, rar. Ich habe mir angewöhnt, immer ein Ticket zu ziehen. Grundsätzlich vermeide ich es aber, mit dem Auto in die oben genannten Bezirke zu fahren. Einige Carsharing-Firmen haben ihre eigenen Parkplätze in der Stadt wie zum Beispiel Car2Go oder DriveNow.

Taxi

Taxifahren in Berlin ist nicht günstig, aber auch nicht zu teuer. Von Mitte kostet ein Taxi zum Flughafen circa 25 Euro. Für eine Kurzstrecke von maximal zwei Kilometern zahlen Sie vier Euro. Telefonisch bestellen können Sie unter 030/443322 oder 030/261026.

Öffentlicher Nahverkehr

Der öffentliche Nahverkehr in Berlin ist gut ausgebaut. Zur Orientierung müssen Sie sich immer die Endstation der Bahnlinien merken, um die Bahn in die richtige Richtung zu erwischen. Für Berlinbesucher gibt es CityTour-Karten von 48 Stunden bis zu fünf Tagen. Die Touren in unserem Buch befinden sich alle im Tarifbereich AB. Eine sehr kostengünstige Stadtrundfahrt machen Sie mit dem Bus der Linie 100. Vom Alexanderplatz bis zum Bahnhof Zoo fährt er an vielen Sehenswürdigkeiten vorbei.

Schiff

Das Schiff zählt nicht zu den üblichen Fortbewegungsmitteln. Ich möchte Ihnen dennoch eine Tour ans Herz legen. Besonders die Brückenfahrt (Start zum Beispiel ab Jannowitzbrücke) bietet einen nicht ganz alltäglichen Blick auf die Innenbezirke.

Toiletten

An vielen Touristenpunkten finden Sie öffentliche Toiletten. Die meisten Ketten wie McDonald's, Starbucks oder Einstein verfügen ebenfalls über WCs. Viele Restaurants, Kneipen oder Bäckereien mögen keine Nichtkunden. Wenn ich dort frage, biete ich gleich 50 Cent für die Benutzung an.

Szene Berlin

Berlin hat zwei Stadtmagazine, *TIP* und *Zitty*, die versetzt im zweiwöchentlichen Rhythmus erscheinen. In beiden finden Sie Informationen zu Kino, Theater, Museen, Partys und Events. Die Magazine können Sie in Zeitschriftenläden und im Buchhandel kaufen. Schwule und Lesben finden in der monatlich herauskommenden *Siegessäule* alle Auskünfte zu Veranstaltungen und Partys. Das Magazin liegt gratis in vielen Kneipen und Shops aus. Alle genannten Magazine haben auch eine Website *(www.tip-berlin.de; www.zitty.de; www.siegessaeule.de)*.

Beste Reisezeit

Am schönsten ist es von Frühling bis Herbst. Meiden Sie den Winter, dann ist es kalt und grau. Berlin ist selten hübsch zu dieser Jahreszeit, es sei denn Sie kommen in der Vorweihnachtszeit, in der alles sehr schön beleuchtet ist. Die Weihnachtsmärkte, wie zum Beispiel der „Weihnachtszauber“ auf dem Gendarmenmarkt in Mitte, verwandeln die Stadt in eine kleine bezaubernde Weihnachtswelt. Sobald im Frühling die ersten Sonnenstrahlen Berlin finden, expandieren die Restaurants und Cafés nach draußen, und die halbe Stadt trinkt in Decken gehüllt den Latte Macchiato wieder an der frischen Luft.

Berlin mit Kind

Für Kinder gibt es in Berlin viel zu sehen und zu entdecken. Das Kinder-Stadtmagazin *Himbeer* liegt gratis in Shops und Cafés aus.

Öffnungszeiten

Je nach Bezirk öffnen die Geschäfte zwischen 10 und 12 Uhr. Friedrichshain und Neukölln sind Spätaufsteher-Bezirke, vor 11 Uhr macht hier selten ein Laden auf. Die meisten Geschäfte schließen gegen 19 Uhr, die großen Center gegen 21 Uhr. Nutzen Sie den Sonntag, um auf einen der zahlreichen Trödelmärkte zu gehen. Die Museen würde ich an diesem Wochentag meiden, sie sind dann sehr gut besucht.

Essen

In Berlin kann man sehr gut, aber auch sehr schlecht essen gehen und im internationalen Vergleich wahrscheinlich noch immer recht günstig. In vielen Restaurants wird mindestens ein vegetarisches Gericht angeboten, das nicht nur aus Gemüse mit Sahne besteht. Auch die vegane Szene ist stark ausgeprägt *(www.berlin-vegan.de)*. Außerdem gibt es einige interessante Supperclubs wie zum Beispiel Mother's Mother *(facebook.com/mothersmother)* oder Fortuna's Feast *(www.fortunastable.de)*.

CEBOX BUTTER COKIES
-,50

COLOR
Themis Trio

Unsere 24-Stunden-Liste

Unsere perfekten 24 Stunden mit den Zielen aus diesem Buch sehen folgendermaßen aus:
Morgens würden wir uns ausführlich dem köstlichen Frühstück bei ***Auntbenny*** (S. 118) widmen. Danach würden wir unseren Hund Juri mit einem ausgedehnten Spaziergang im ***Tiergarten*** (S. 260) glücklich machen und den Schildkröten im Tiergartengewässer einen Besuch abstatten.
Nach so viel frischer Luft müssten wir unbedingt eine vietnamesische Pho-Suppe bei ***Monsieur Vuong*** (S. 38) essen und dazu einen frischen Eistee trinken.
Anschließend gingen wir ein wenig in Mitte shoppen. Ich würde mir ein Schreibutensil bei ***Luiban*** (S. 18) kaufen, während sich Petra wieder in eines der Fahrräder bei ***Stilrad*** (S. 16) verliebt. Juri würde den Weg zu ***Feinspitz*** (S. 62) von allein finden und an der Leckerlibar mit dem treuesten Hundeblick betteln. Wenn wir während unserer Shoppingtour an einem der alten Fotoautomaten, die von Enthusiasten vor der Schrottpresse gerettet wurden, vorbeikämen, würden wir ein paar Fotos machen.
Am Abend würden wir in den ***Schwarzen Hahn*** (S. 128) gehen und ein Schnitzel mit lauwarmem Kartoffelsalat essen, bevor wir im ***Stue Hotel*** (S. 262) vom Bett aus die Tiere im Zoo beobachten.

Ellen & Petra

„Du bist verrückt, mein Kind. Du musst nach Berlin."
Franz von Suppé, österreichischer Komponist

Mitte

Vom Wohnbezirk zur Shoppingmeile

***Berlin** ist und war schon immer eine Stadt des Wandels. Das lässt sich besonders gut in Mitte beobachten. Nach dem Mauerfall war dies der erste Bezirk, in dem sich alternative Projekte entwickelten. Kunsträume entstanden, in denen gearbeitet, gefeiert und diskutiert wurde. Kneipen und Shops mit engagierten neuen Konzepten wurden ausprobiert. Viele gibt es nicht mehr, andere haben sich zu professionellen Unternehmen gewandelt. Heute ist die Vielfalt geringer, und um besondere Shops zu finden, muss man sich jenseits der bekannten Pfade bewegen.*

SHOPS

1 Mykita Shop
2 Stilrad
3 Blush
4 Luiban
6 Trüffelschwein
7 AM3 Schiesser Revival Store
10 O.K.-Versand
11 Lala Berlin
12 Baerck
13 14 oz.
14 Herr von Eden
17 Happy Shop
19 Soto
20 Dandy of the Grotesque
21 Hannes Roether
22 Dudes Factory
23 Garments Vintage
27 Hay Berlin
28 Do you read me?!
29 René Talmon L'armée
30 Feinspitz
31 Gestalten Space
32 Whisky & Cigars
33 Edsor

ESSEN

5 The Grand
15 Monsieur Vuong
25 Fleischerei
34 Pauly Saal

CAFÉ

9 Zeit für Brot
16 The Barn Roastery

BAR

8 Absinth-Depot
24 Mercado San Cosme

KUNST & KULTUR

18 In:Surgo!
26 Me Collectors Room
35 DDR-Museum

HOTEL

36 The Circus Hostel
37 The Circus Hotel

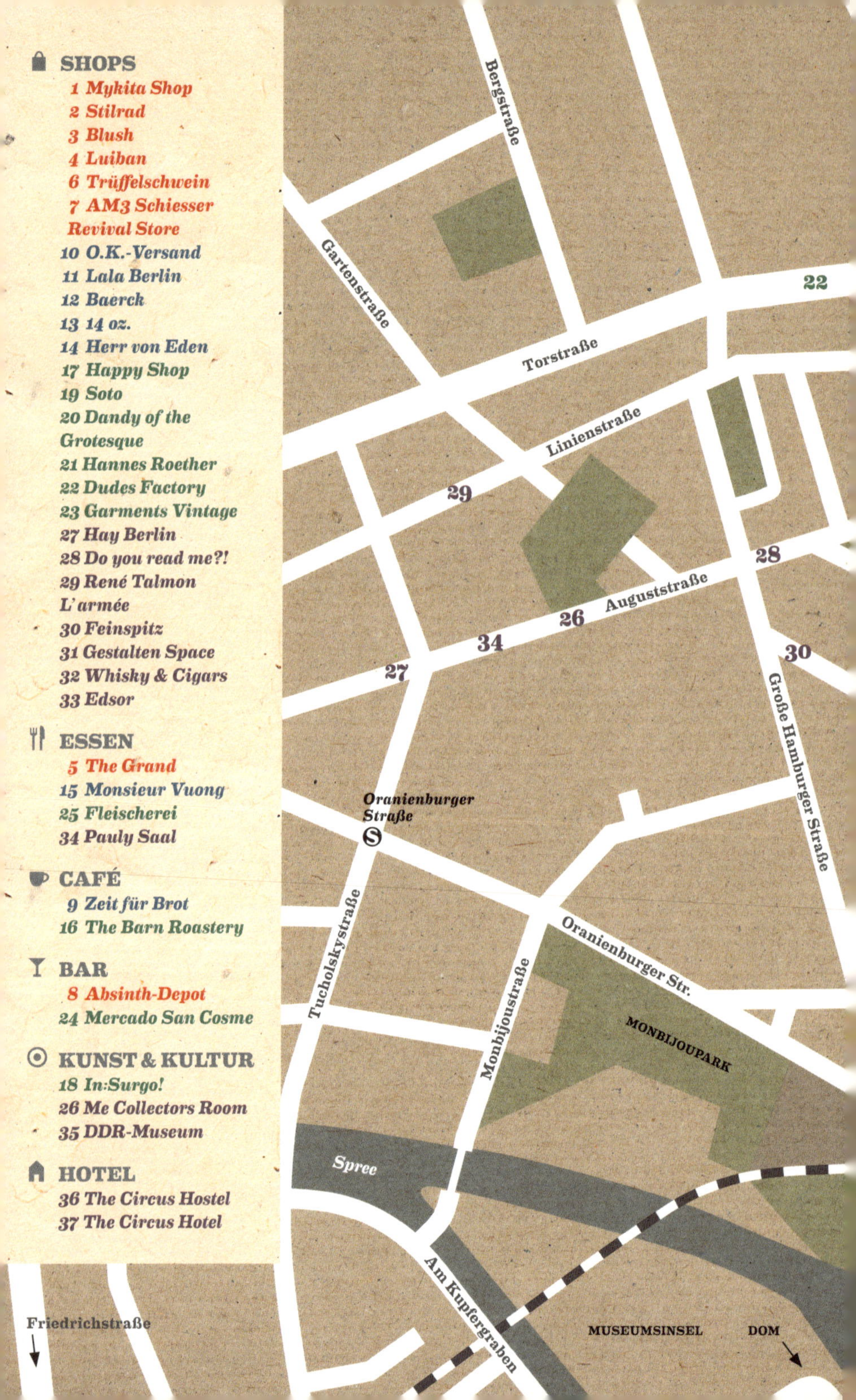

Weinbergsweg
Choriner Str.
Christinenstraße
Schönhauser Allee
Rosenthaler Platz
Gormannstraße
Torstraße
Linienstraße
Rosa-Luxemburg-Platz
Rosenthaler Straße
Mulackstr.
Gipsstraße
ROSA-LUXEMBURG-PLATZ
Hirtenstraße
Alte Schönhauser Straße
Max-Beer-Straße
Weinmeisterstraße
Sophienstr.
Rosenthaler Straße
Weinmeisterstraße
Neue Schönhauser Str.
Münzstraße
Rosa-Luxemburg-Str.
HACKESCHE HÖFE
Oranienburger Straße
Hackescher Markt
Rochstraße
Karl-Liebknecht-Straße
ALEXANDERPLATZ
Alexanderplatz
Anna-Louisa-Karsch-Straße
FERNSEHTURM
Tour 1
Tour 2
Tour 3
Tour 4

1 MYKITA SHOP

Das Berliner Brillenlabel ist einer der schönsten Optikerläden der Stadt. Ich bin ein großer Fan dieser Brillen, meine „Romy“ liebe ich sehr. Es ist eine Kunst, die passende Brille für sich zu finden – bei Mykita ist das kein Problem. Der Laden besticht durch schlichte Eleganz. Abwechselnd beleuchtete Profile für Schwerlastregale schaffen für jede Brille die perfekte Bühne. Vielleicht finden Sie ja Ihren „August“ oder Ihre „Wanda“.

Rosa-Luxemburg-Str. 6, 10178 Berlin
www.mykitashop.com

2 STILRAD

Berlin ist eine Fahrradstadt. Täglich sind fast 500 000 Radfahrer unterwegs, das Angebot an Gefährten ist entsprechend groß. Stilrad hat es sich zur Aufgabe gemacht, schöne Fahrräder für die Stadt anzubieten, von klassisch bis sportlich. Wem diese beiden Kategorien nicht ausreichen, wird sicherlich fündig in der Sparte „Zeitgeist“.

Rosa-Luxemburg-Str. 19, 10178 Berlin
www.stilrad.com

3 BLUSH

Der zentrale Punkt des Dessousgeschäfts ist ein riesiges Bett, auf dem sich die Begleitung ausruhen kann, während Frau in Seide und Spitze schwelgt. Blush ist gleichzeitig Shop und Label. Die Unterwäsche wird von Frauen für Frauen gemacht. Ergänzt wird das Angebot durch Bademode, Schmuck und weiteren Labels wie Huit, Calvin Klein und Princess Tam Tam.
Rosa-Luxemburg-Str. 22, 10178 Berlin
www.blush-berlin.com

4 LUIBAN

Luiban hat eine beeindruckende Auswahl an Schreibwaren. Hier finden Sie neben wundervollen Notizbüchern besondere Schreibutensilien, bunte Klebebänder und ausgewählte Umschläge. Um sich all die schönen Papeterieprodukte anzuschauen, brauchen Sie Zeit. Nutzen Sie die Gelegenheit, sich beraten zu lassen. Ich habe niemanden so leidenschaftlich über sein Angebot reden hören wie den Besitzer.
Rosa-Luxemburg-Str. 28, 10178 Berlin
www.luiban.de

5 THE GRAND

Hier können Sie an lauen Sommerabenden auf der Hofterrasse sitzen. Sollte das Wetter nicht schön sein, freuen Sie sich, drinnen sitzen zu können! Das Haus war früher eine Armen- und Kommunalschule, in der sich heute auf drei Etagen ein Restaurant, eine Bar und ein Club befinden. Die Patina der vergangenen Tage wurde liebevoll erhalten und um Einrichtungsgegenstände ergänzt, die sich harmonisch einfügen. Besonders die Bar erinnert an die frühen Berliner Jazz- und Swingzeiten. Wenn Sie gern Fleisch essen, bestellen Sie sich etwas vom Grill.
Hirtenstr. 4, 10178 Berlin
www.the-grand-berlin.com

cigarettes

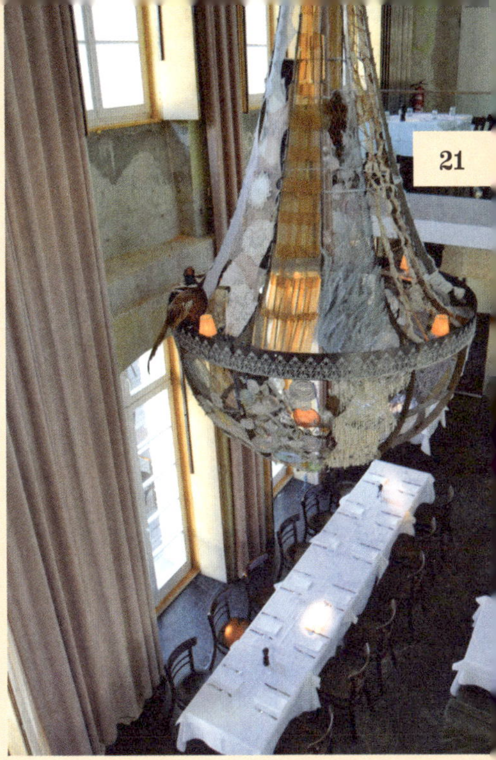

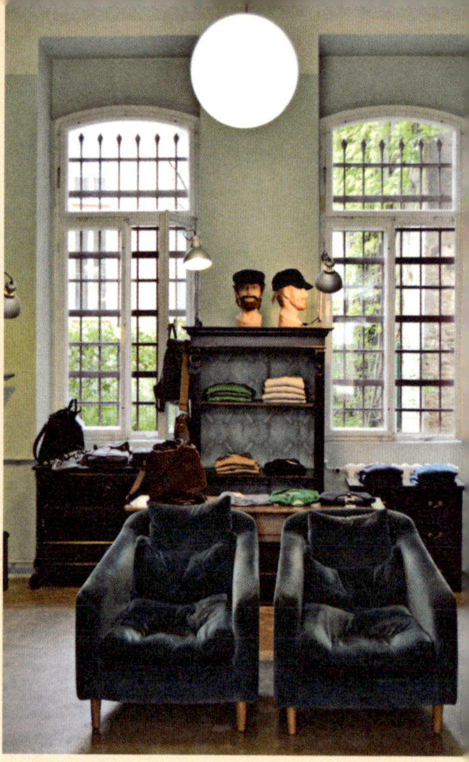

6 TRÜFFELSCHWEIN

Drinnen findet sich, was draußen dransteht: Ralf und Lyon empfinden sich als Trüffelschweine für ihre Kundschaft und gehen auf die Suche nach dem, was den Preppy Look für den Herrn ausmacht. Perfekt für alle, die Polohemden, Tweedanzüge und Hosenträger lieben. Getragen wird das Konzept von einer ebenso sorgfältig ausgesuchten Möblierung. Alte Postregale und ein wundervoller Tresen geben den Kleidungsstücken ihren Rahmen. Obwohl Trüffelschwein ein reiner Männerladen ist, zählen auch immer mehr Frauen zum Kundenstamm.

Rosa-Luxemburg-Str. 21, 10178 Berlin
www.trueffelschweinberlin.com

7 AM3 SCHIESSER REVIVAL STORE

Feinripp ist hip! Das AM3 hat sich voll und ganz der Revival-Linie der Firma Schiesser verschrieben, die schon seit 135 Jahren Unterwäsche herstellt. Die Grundlage für die Revival-Linie bilden Designvorlagen aus der ersten Hälfte des 20. Jahrhunderts. Einige Teile haben den originalen Schnitt aus den Fünfzigern, andere sind von den alten Schnitten inspiriert. Die Wäsche ist schlicht und durchaus sexy. Wenn Sie sich für ein Teil entscheiden, bekommen Sie es wie früher in einer Retro-Box von Schiesser verpackt.

Münzstr.23, 10178 Berlin
www.am3store.com

8 ABSINTH-DEPOT

Sollten Sie noch nie einen Absinth probiert haben, ist vielleicht jetzt der Moment gekommen. Nachdem der Absinth wieder legalisiert wurde, gibt es einige Bars in Berlin, die die sogenannte Grüne Fee im Angebot haben. Im Absinth-Depot mit seiner eindrucksvollen Auswahl können Sie sich zu einer Degustation anmelden oder einen der Absinthe im offenen Ausschank probieren. Ganz wie die Berliner Boheme Ende des 19. Jahrhunderts lässt sich der Abend mit einer grünen Stunde beginnen.

Weinmeisterstr. 4, 10178 Berlin
www.absinth-berlin.de

„Vom Schiff aus haben Sie einen nicht ganz alltäglichen Blick auf Berlin."

9 ZEIT FÜR BROT

Hier sollten Sie zum Frühstück unbedingt die belegten Stullen probieren. Die Backwaren werden in der im Laden integrierten Backstube selbst hergestellt. Hinter einer Glasscheibe kann man dem Bäcker bei seiner Arbeit zuschauen. Frisch gebackene Brotlaibe liegen wie auf einem Gemälde in den Regalen. Das Ladenkonzept ist ein Kleinod in der Berliner Backlandschaft. Das Bestreben von Zeit für Brot ist es, die Stadt mit dem besten Brot zu versorgen – und das in Bioqualität. Ich liebe das Bergsteigerbrot und die köstlichen Zimtschnecken.

Alte Schönhauser Str. 4, 10119 Berlin
www.zeitfuerbrot.com

Bauernlaib
(nach Gewicht)
80% Roggen 4,90€
20% Dinkel (pro kg)
La Baguette
2,60€
Körnerstange
70% Weizen
30% Roggen 2,90€

10 O.K.-VERSAND

Wenn Sie es genauso lieben wie ich, in fremden Ländern in Shops zu stöbern, um sich das lokale Warenangebot anzusehen, schauen Sie beim O.K.-Versand rein. Die skurrilen farbenfrohen Waren aus Osteuropa und Asien eignen sich hervorragend als kleine Geschenke. Darunter finden sich Schulhefte aus Russland, bunte Küchenhelfer, Musterfarbwalzen oder Poster aus Indien.

Alte Schönhauser Str. 36/37, 10119 Berlin
www.okversand.com

11 LALA BERLIN

So verspielt wie der Name ist auch die Mode. Überall blitzt ein wenig Neon durch. Ketten, Schuhe und Tücher ergänzen die Großstadtmode von Leyla Piedayesh. Die ehemalige MTV-Redakteurin entdeckte vor zehn Jahren die Liebe zum Stricken und fing an, unter ihrem Spitznamen Lala Pulswärmer auf dem Flohmarkt zu verkaufen. Mittlerweile zählen Claudia Schiffer und Cameron Diaz zu ihren Kundinnen.

Mulackstr. 7, 10119 Berlin
www.lalaberlin.com

BERLIN

12 BAERCK

Der Shop bietet eine gute Übersicht über die Berliner Modeszene – von bekannten Designern bis zu jungen Talenten, kombiniert mit skandinavischen Labels. Im vorderen Teil finden Sie Homeaccessoires, die zum Teil vom eigenen Designbüro llotllov stammen. Im hellen Ambiente des Stores kommen die stylishen Artikel besonders zur Geltung, und die Freundlichkeit des Personals ist beeindruckend. Mein persönliches Highlight ist die im hinteren Bereich ausgestellte Stricklampe, bei der ein Drei-Meter-Kabel und die Fassung komplett eingestrickt worden sind.

Mulackstr. 12, 10119 Berlin
www.baerck.net

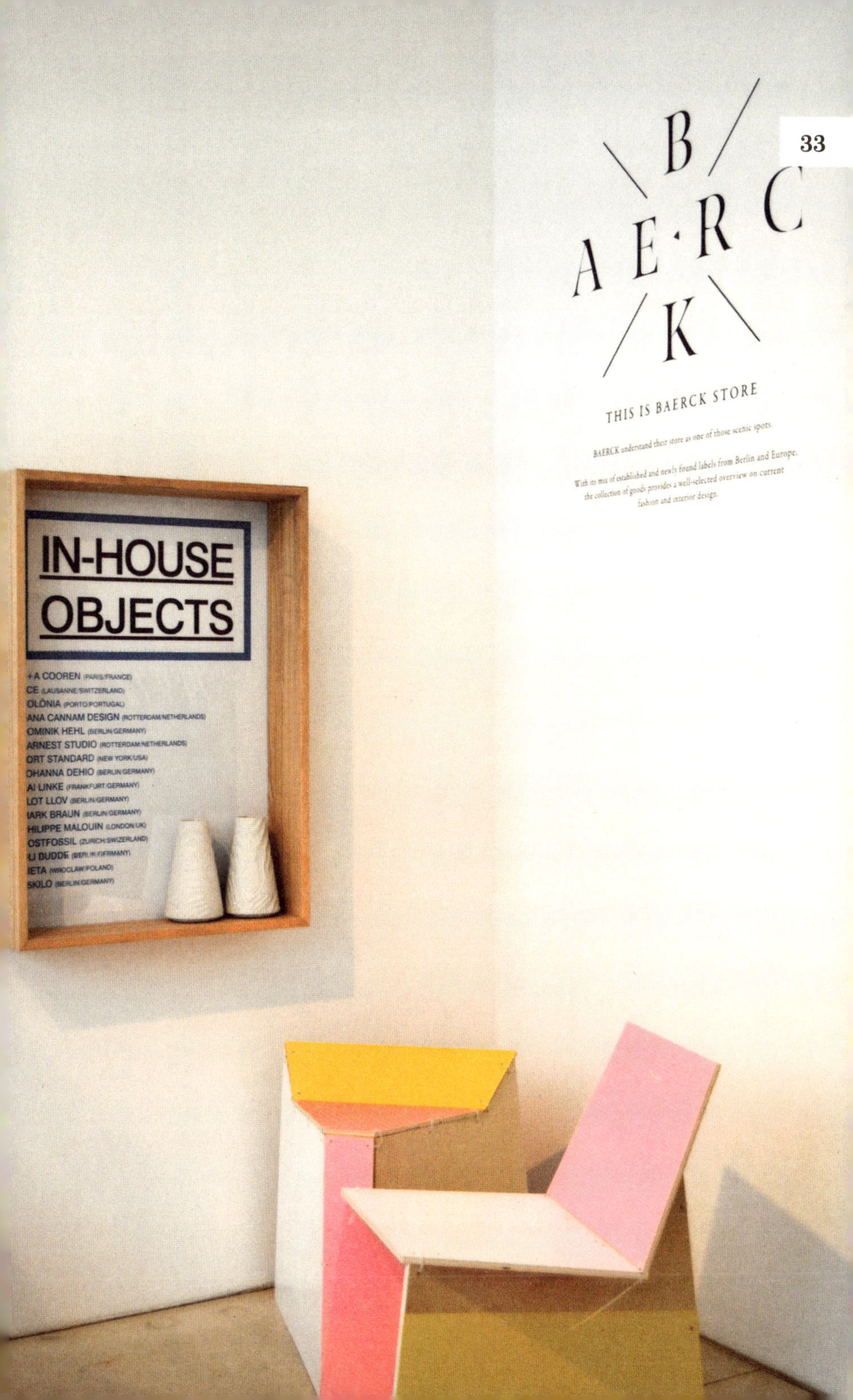
B
A E·R C
K
THIS IS BAERCK STORE
BAERCK understand their store as one of those scenic spots.
With its mix of established and newly found labels from Berlin and Europe, the collection of goods provides a well-selected overview on current fashion and interior design.
IN-HOUSE OBJECTS
+A COOREN (PARIS/FRANCE)
CE (LAUSANNE/SWITZERLAND)
OLÔNIA (PORTO/PORTUGAL)
ANA CANNAM DESIGN (ROTTERDAM/NETHERLANDS)
OMINIK HEHL (BERLIN/GERMANY)
ARNEST STUDIO (ROTTERDAM/NETHERLANDS)
ORT STANDARD (NEW YORK/USA)
OHANNA DEHIO (BERLIN/GERMANY)
AI LINKE (FRANKFURT/GERMANY)
LOT LLOV (BERLIN/GERMANY)
ARK BRAUN (BERLIN/GERMANY)
HILIPPE MALOUIN (LONDON/UK)
OSTFOSSIL (ZURICH/SWITZERLAND)
ETA (WROCLAW/POLAND)
SKILO (BERLIN/GERMANY)

13 14 OZ.

Die Einrichtung und Atmosphäre ist sagenhaft. Hier wurden Möbel eines alten Wiener Modeladens verbaut, große Vitrinen flankieren den Weg, die Garderobe hat ein Spiegelseparee, indem die Begleitung gemütlich warten kann, bis die Anprobe beendet ist. Beim Betreten fällt der Blick zunächst auf ein großes Aquarium. Eine weitere Besonderheit ist Andy, der mit Leidenschaft Ihre Schuhe aufarbeitet. Wünschen Sie eine persönliche Beratung, erhalten Sie diese im wundervoll eingerichteten Apartment, wo Sie nach Terminvereinbarung exklusiv betreut werden.

Neue Schönhauser Str. 13, 10178 Berlin
www.14oz-berlin.com

14 HERR VON EDEN

Wenn Sie gern Anzüge tragen, ist dieser Laden ein Muss. Bekannt ist Herr von Eden für seine extravaganten Modelle in schrillen Farben, führt aber auch schlichte Kombinationen fürs Büro. Jan Delay und Depeche Mode lassen sich hier einkleiden. Durch die dunklen Farben strahlt der Laden eine große Ruhe aus, in der man sich gern lang und ausführlich von dem sehr angenehmen Verkaufspersonal beraten lässt. Passend zum Anzug gibt es entsprechende Accessoires wie Manschettenknöpfe, Fliegen, Krawatten, Hüte und Einstecktücher.

Alte Schönhauser Str. 14, 10119 Berlin
www.herrvoneden.com

TRAFFIC
REVUE
WHEN WE ARE SLEEPING AEROPLANES CARRY MEMORIES OF THE HORRORS WE HAVE GIVEN OUR SILENT CONSENT TO INTO THE NIGHT SKY

15 MONSIEUR VUONG

Hunger? Dann müssen Sie jetzt nur einmal über die Straße gehen, dann finden Sie eines meiner Lieblingsrestaurants. Ich gehe gern mittags in das vietnamesische Lokal und esse eine köstliche Suppe. Und das schon sehr lange, denn Monsieur Vuong war einer der Ersten, der diese Straße mit seinem Restaurant belebt hat. Übrigens, das große Schwarz-Weiß-Foto zeigt den Vater des Besitzers in den 1950er Jahren. Wenn Sie sich trotz der überschaubaren Karte nicht entscheiden können, empfehle ich die traditionelle Rindfleisch-Nudelsuppe.

Alte Schönhauser Str. 46, 10119 Berlin
www.monsieurvuong.de

„Als ich klein war, gab es hier nur eine Apotheke und einen Krämerladen."

16 THE BARN ROASTERY

Wir beginnen diese Tour mit einem sensationellen Kaffee von The Barn. Nehmen Sie sich Zeit, denn hier wird Ihr Kaffee langsam gefiltert. Setzen Sie sich ans Fenster, und lassen Sie das hektische Berliner Leben an sich vorbeiziehen. Mit der Rösterei im hinteren Teil des Coffeeshops hat der Besitzer Ralf Müller konsequent seine Leidenschaft für Kaffee professionalisiert. Wer mehr über Kaffee wissen möchte und sich von ihm mitreißen lassen will, der sollte sich für ein Cupping anmelden, bei dem mehrere Kaffees verköstigt werden.

Schönhauser Allee 8, 10119 Berlin
www.thebarn.de

17 HAPPY SHOP

Berlin besitzt nicht viele „Reinklingelshops“, dies ist einer. Der Name ist Programm, in der schwarzweißen Containerfassade befindet sich eine rosa Tür. Ein Hauch „Alice im Wunderland“ liegt in der Luft, wenn man die Klingel betätigt. Innen wird Industriedesign mit Niedlichkeit gemixt. Kleiderstangen, die hoch- und runtergefahren werden können, geben den Blick auf kleine rosa Welten frei.
Torstr. 67, 10119 Berlin
www.happyshop-berlin.com

18 IN:SURGO!

Das Künstlerduo Anna Hellsgård und Christian Gfeller hat neben seiner Siebdruckwerkstatt einen Shop und eine Galerie eingerichtet, in der alle zwei Monate eine kuratierte Ausstellung gezeigt wird. Aus den Bereichen der Gegenwartskunst, experimentellen Grafik und Illustration suchen sie Künstler aus, die ihnen gefallen und zu ihren eigenen Arbeiten passen.
Torstr. 110, 10119 Berlin
www.resurgo-berlin.com

AVANT GARDE
POP-ROCK MUSICS
OUR SELECTION !

Dirty Fingers
CINDERS

19 SOTO BERLIN

Ein typischer „Neu-Berliner Laden", der die aktuellen Modetrends für Männer zeigt. Daneben wird zeitlose und klassische Fashion angeboten. Der erste Laden war so erfolgreich, dass direkt ein zweiter nebenan eröffnet wurde. Die Einrichtung haben die drei Eigentümer im Vintage-Stil gehalten. Ich mag besonders eine Ecke, die aus verschiedenen Fenstern und Türen gestaltet wurde, in der einfach nur ein Sessel steht. Soto ist „so Berlin", auch wegen des manchmal charakteristischen Berliner Umgangstons, der im Laden herrscht.

Torstr. 72, 10119 Berlin
www.sotostore.com

Organic
Cotton
Blend

20 DANDY OF THE GROTESQUE

Jetzt kommen wir zu einem meiner absoluten Lieblingsläden. Hier wäre ich gern einmal Mann und ließe mich von „The Dandy" einkleiden. Der israelische Designer und Inhaber Itamar lebt den Style eines Dandys und lässt seine Outfits durch kleine Stilbrüche grotesk erscheinen. So ist auch der Stil seines Ateliers. Dunkle Farben und ungewöhnliche Elemente wie Türbeschläge aus Messing harmonieren mit der Mode. Eine hervorragende Arbeit seiner Frau, der Interieurdesignerin Nora von Nordenskjöld.

Gormannstr. 17 b, 10119 Berlin
www.dandyofthegrotesque.com

DANDY
GROTESQUE

21 HANNES ROETHER

Als zeitlos schön kann man die minimalistischen Kollektionen für Frauen und Männer von Hannes Roether beschreiben. Schwarz, Grau und Weiß sind die vorherrschenden Farben, die ein elegantes Bild ergeben. Auch der Laden spielt mit klassischen, zeitlosen Elementen und umrahmt seine Mode beispielsweise mit einem Klavier, das als Tresen dient, und Apfelkisten, die zu Regalen hochgestapelt wurden. Die wenigen Farbklekse wirken wohldosiert. Lassen Sie sich beraten, das Verkaufspersonal macht das ganz ausgezeichnet.

Torstr. 109, 10119 Berlin
www.hannesroetherinternational.de

22 DUDES FACTORY

Der Store arbeitet mit Designern zusammen, deren Prints auf Shirts, Mützen, Taschen oder als Poster verkauft werden. Einer meiner Favoriten ist ein Männershirt, auf dem in Großbuchstaben einfach nur MEAT steht. In der Weihnachtszeit können Sie sich Nussknacker anschauen, die von Künstlern bearbeitet wurden. Eine sehr schöne Interpretation deutscher Handwerkskunst. Ursprünglich war der Laden als Abschlussprojekt eines Kommunikationsdesignstudenten gedacht. Dass es erfolgreich sein kann, hat er nun selbst bewiesen.

Torstr. 138, 10119 Berlin
www.dudes-factory.com

THE DUDES FINEST
for
THE LADIES
HOORAY
The
MERMAID FIXER
ALL GOOD NOW
XXX
YOU DON'T ENJOY THE SMELL OF FISH WITH YOUR TITS OR THE TASTE OF TITS WITH YOUR FISH ?
The MERMAID FIXER IS FOR YOU!
XXX
Girls

23 GARMENTS VINTAGE

Eine charmante und stilvolle Version eines Vintage-Shops mit Marken wie Yves Saint Laurent, Comme des Garçons und Margiela. Das Sortiment stammt teilweise von Privatpersonen oder aus Kostümfundis. Kein Wunder, denn die beiden Besitzerinnen sind Kostümbildnerinnen. Das Stöbern macht besonders viel Spaß, da der Laden gut sortiert ist.
Linienstr. 204/205, 10119 Berlin
www.garments-vintage.de

24 MERCADO SAN COSME

Ein kleiner mexikanischer Kosmos mitten in Berlin. Im hinteren Teil der Mezcal-Tasting-Bar lässt sich komplett vergessen, dass draußen auf der Torstraße der Verkehr vorbeisaust. Der Laden wurde von einer Gruppe Deutsch-Mexikanern eröffnet, die sich nach einer Mezcal-Begegnungsstätte sehnte. Im Shop werden neben importierten Produkten aus Mexiko verschiedene Mezcals für zu Hause angeboten.
Torstr. 116, 10119 Berlin, www.facebook.com/mercadosancosme.berlin

MERCADO
SAN COSME

Mezcal
SAN
COSME

25 FLEISCHEREI

Sie haben sich jetzt ein Abendessen verdient. Mein Restaurant-Tipp ist in den Räumen einer alten Fleischerei untergebracht. Einiges, wie zum Beispiel die Fliesen, wurde vom früheren Metzger übernommen. Im Sommer hört man die U-Bahn durch die Lüftungsschächte auf dem Gehsteig. Ich esse hier sehr gern das Rinderfilet, aber es steht auch immer ein vegetarisches Gericht auf der Karte. Besonderen Wert legt der österreichische Besitzer darauf, sich vom gewohnten Berliner Service abzuheben. Und das gelingt: Sein Personal ist sehr zuvorkommend und freundlich.

Schönhauser Allee 8, 10119 Berlin
www.fleischerei-berlin.com

à point (franz. für „Auf den Punkt"
auch medium oder rosa.
ist eine Garstufe
beim Fleisch.

„Der raue Charme der
Berliner ist viel wärmer,
als viele denken.“
Burkhard Kieker,
Berliner Tourismus-Chef

26 ME COLLECTORS ROOM

Diese Tour startet mit einem Frühstück im Museum. Der Me Collectors Room ist ein für die Privatsammlung von Kunstmäzen Thomas Olbricht errichtetes Haus. Neben aktuellen Ausstellungen gibt es auch eine permanente: „Die Wunderkammer“, die es sich anzuschauen lohnt. Bei über 200 Exponaten aus Renaissance und Barock werden Sie immer wieder ins Staunen geraten. Um zu den Ausstellungsräumen zu gelangen, müssen Sie das Café und den Shop durchqueren. Beides ist erfrischend anders konzipiert worden, als man es aus anderen Museen kennt.

Auguststr. 68, 10117 Berlin
www.me-berlin.com

& Polke
25.08.
KAFFEE
OEL

27 HAY BERLIN

Der Laden hat sich auf dänische Einrichtung der Marke Hay spezialisiert. Die Produkte sind im Rahmen eines Pop-up-Shops im Jahr 2012 vorgestellt worden. Der Erfolg war so groß, dass das Interieurdesign-Duo von Marron Hay nun längerfristig präsentiert. Die Auswahl an Möbeln und Accessoires, vom Küchenhandtuch bis zum Tisch, ist beachtlich.

Auguststr. 77/78, 10117 Berlin
www.hayberlin.de

28 DO YOU READ ME?!

Wir schauen in meinem Lieblingsbuchladen vorbei. Hier finden Sie ein großartiges Sortiment an internationalen Magazinen und Lektüre von Kunst, Fotografie, Mode über Architektur, Interieur bis zu Kultur. Ich könnte stundenlang in den Büchern blättern und mich inspirieren lassen. Übrigens, die Stofftaschen sind heiß begehrt. Ich kenne Menschen, die sich dort nur wegen eines Beutels ein Buch gekauft haben.

Auguststr. 28, 10117 Berlin
www.doyoureadme.de

do
you
read
me
?!

?!

do
you
read
LANGE LISTE
SOL&
LUNA
Rhythm
in
it

29 RENÉ TALMON L'ARMÉE

Nun zu einem Schmuckgeschäft, das ich Ihnen wärmstens ans Herz legen möchte. Der kleine Laden ist gleichzeitig Atelier für René Talmon L'Armée. Durch die dunklen Farben und die wundervollen alten Möbel strahlt der Laden Ruhe und Eleganz aus. Ein perfektes Ambiente für Schmuck. René verwendet viele Schwarz- und Rohdiamanten sowie schwarzes Silber. Dadurch bekommt sein Schmuck einen ganz eigenen Charakter. Sollte René selbst da sein, dann unterhalten Sie sich mit ihm. Denn wie sein Schmuck, so ist auch René sehr besonders.

Linienstr. 109, 10115 Berlin
www.renetalmonlarmee.com

RENÉ
TALMON
L'ARMÉE
10

30 FEINSPITZ

Für mich als Hundenärrin ist es ein Muss in jedem Land, das ich bereise, einen Tieraccessoireladen zu besuchen. Sollten Sie keinen Hund haben, überspringen Sie diesen Shop einfach, oder halten Sie Ausschau nach Geschenken. Ob Hundebetten, Halsbänder, Näpfe oder Spielzeug – die Auswahl ist außergewöhnlich. Besonders freut mich, dass die Besitzerin Wert darauf legt, ihr Sortiment schlicht zu halten, und nicht dazu animiert, Hunde mit Strasssteinen oder Chichi zu dekorieren. Mein Lieblingsstück ist eine Segeltauhundeleine aus New York.

Sophienstr. 34, 10178 Berlin
www.feinspitzderhundeladen.com

31 GESTALTEN SPACE

Etwas versteckt in den Sophie-Gips-Höfen liegt der Concept-Store des Berliner Gestalten Verlags. Er ist eine harmonische Mischung aus Buchladen, Designshop und Galerie. Sie finden hier rund 400 Bücher zu den Themen Architektur, Design, Lifestyle und Kunst. Dazu kommt eine bemerkenswerte Auswahl an Designprodukten. Bei Verlagsneuerscheinungen werden Objekte passend zum Thema des neuen Buchs präsentiert. Im hinteren Teil des Stores gibt es eine Galerie, deren Ausstellungen alle sechs bis acht Wochen wechseln.

Sophie-Gips-Höfe, Sophienstr. 21, 10178 Berlin, www.gestalten.com

32 WHISKY & CIGARS

Dieser Laden wurde Ende des letzten Jahrhunderts von der Inhaberin Eva Sichelschmidt zuerst als Kunstraum zum Diskutieren, Whiskytrinken und Zigarrerauchen gegründet. Ein Bild neben dem Eingang zeugt noch davon. Dass daraus einmal eines der außergewöhnlichsten Whiskygeschäfte Berlins werden würde, hatte sie damals sicher nicht gedacht. Mittlerweile hat es der Laden zu einer beachtlichen Auswahl an Whiskys gebracht. Besonders die Tastings am Abend kann ich empfehlen. Diese sollten Sie rechtzeitig im Voraus buchen, da sie sehr begehrt sind.

Sophienstr. 8–9, 10178 Berlin
www.whisky-cigars.de

33 EDSOR

Die Berliner Manufaktur stellt seit 1909 Krawatten, Fliegen und Einstecktücher her. Wenn man den Shop betritt, fällt sofort die bunte Vielfalt der Krawatten auf, die angeboten werden. Creative Director Sammy Voigt hat sich schon als Kind immer wieder bunte Stifte von seiner Mutter gewünscht, weil er, inspiriert von seinem Lieblingsmagazin NATIONAL GEOGRAPHIC, seine Hausaufgaben farbenfroh gestalten wollte. Der Kauf der bunten Stifte hat sich gelohnt! Die Auswahl ist einmalig und hat für jeden etwas zu bieten.

Hackesche Höfe
Rosenthaler Str. 40/41, 10178 Berlin
www.edsor.de

34 PAULY SAAL

Das Restaurant befindet sich in der Turnhalle einer ehemaligen jüdischen Mädchenschule, die zusammen mit der jüdischen Gemeinde im Stil der goldenen Berliner Zwanzigerjahre umgebaut wurde. Die mondäne Einrichtung und die Gerichte dieser Zeit wurden neu interpretiert. Vieles wird von der Küche selbst produziert wie Würste, eingewecktes Gemüse oder Holzofenbrot. Bei schönem Wetter können Sie im Garten sitzen. Allerdings verpassen Sie dann den ungewöhnlichen Saal. In diesem Fall empfehle ich Ihnen, ein letztes Getränk an der Bar zu nehmen.
Jüdische Mädchenschule, Auguststr. 11–13, 10117 Berlin, www.paulysaal.com

35 DDR-MUSEUM

Ich bin ein Mitte-Mädchen. In meiner frühen Kindheit gab es in diesem Bezirk nur Geschäfte für den täglichen Bedarf. Das liebevoll gestaltete Museum ist der perfekte Ort, um in das Leben in der ehemaligen DDR einzutauchen. Hier finden Sie ein Wohnzimmer, wie es in einem Plattenbau hätte eingerichtet sein können. Diverse Produkte der damaligen Zeit wie das Sandmännchen sind ausgestellt und bieten Geschichte zum Anfassen. Es existiert sogar ein Restaurant, dessen Einrichtung aus dem ehemaligen Palasthotel stammt. Aber Vorsicht, nur gucken, nicht essen!

Karl-Liebknecht-Str. 1, 10178 Berlin
www.ddr-museum.de

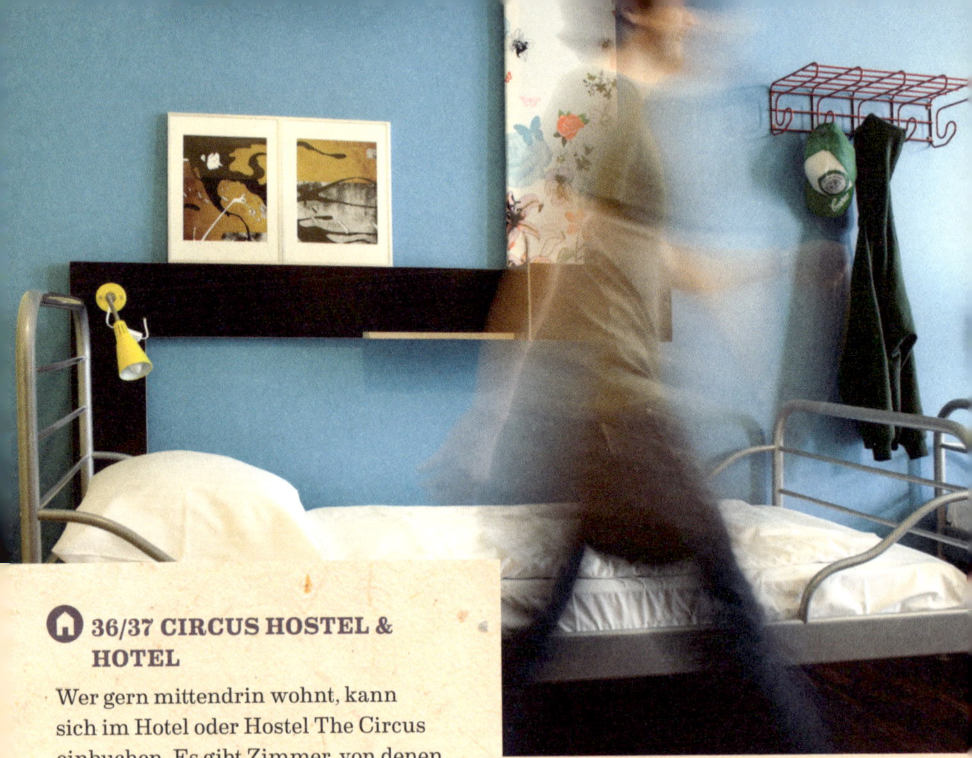

36/37 CIRCUS HOSTEL & HOTEL

Wer gern mittendrin wohnt, kann sich im Hotel oder Hostel The Circus einbuchen. Es gibt Zimmer, von denen aus Sie im Bett liegend auf die Kreuzung des Rosenthaler Platzes schauen können. Das Hotel und auch das Hostel sind mit sehr viel Liebe zum Detail eingerichtet und unterstreichen die sehr persönliche Note. Nachhaltigkeit spielt eine große Rolle. So gibt es keine Minibar auf den Zimmern, und das trinkbare Berliner Leitungswasser steht in Karaffen bereit. Einer der Betreiber bietet regelmäßig eine kostenlose Stadttour an, um den Gästen sein Berlin zu zeigen. Das angeschlossene Restaurant Fabisch trägt den Namen der jüdischen Vorbesitzer des Hauses, die hier vor dem Krieg ein Herrenausstattergeschäft betrieben. Die Fotos und die Geschichte der Familie sind auf dem Weg zum WC zu sehen.

The Circus Hostel, Weinbergsweg 1 a, 10119 Berlin *(links)*
The Circus Hotel, Rosenthalerstr. 1, 10119 Berlin *(rechts)*
www.circus-berlin.de

Barbara Gebhardt

Barbara ist direkt nach der Schule *nach Berlin gekommen. Sie besuchte Freunde und hörte von den Aufnahmeprüfungen für Modedesign am Letteverein. Spontan entschloss sie sich, daran teilzunehmen. Sie wurde direkt angenommen und blieb. Nach der Wende ist sie in ein besetztes Haus in die Heckmannhöfe gezogen. Als diese dann saniert wurden, hat sie sich für einen Laden dort beworben, obwohl sie sich als Ex-Hausbesetzerin keine großen Chancen ausrechnete. Doch die Hauseigentümerin hat ihr den Laden anvertraut, in dem Barbara heute noch ihr Label Nix präsentiert. Mittlerweile ist zu dem Modeladen nebenan noch ein weiterer Laden mit schönen Dingen für den Alltag dazugekommen.*

www.nix.de, facebook.com/needsberlin

„Durch Berlin weht immer noch dieses Wendegefühl, dass alles möglich ist."

Was ist für dich typisch Berlin?
Durch Berlin weht immer noch dieses Wendegefühl, dass alles möglich ist. Denn Berlin ist frei, offen, tolerant, kosmopolitisch, zieht sehr viele Künstler an und ist dabei aber nicht so hart wie andere Großstädte.
Was inspiriert dich an Berlin?
Ich bin der totale Stadtmensch. Mich inspirieren die Muster einer Stadt, wie zum Beispiel die Pflastersteine vor dem Laden, die wir gerade im Design der neuen Kollektion aufgegriffen haben.
Dein Lieblingsort?
Ich bin sehr verbunden mit Mitte. Hier kann ich ins Theater gehen oder ins Kino, habe eine riesige Auswahl an Restaurants und kenne sehr viele Leute. Gerade ist mein absoluter Lieblingsort die ***Strandbar Mitte*** im Monbijoupark. Da tanze ich im Sommer Swing. Die Location ist großartig, unten fahren die Boote auf der Spree, gegenüber ist das Bodemuseum, die S-Bahn rauscht durch die Kulisse, und im Hintergrund thront der Fernsehturm.
www.amphitheater-berlin.de
Das beste Frühstück?
Ich geh wahnsinnig gern ins ***Café Bravo***. Dort gibt es tolle Zeitschriften, leckere Pancakes, und im Sommer sitzt man draußen im Hof. Außerdem ist es nicht allzu überlaufen, da das Café etwas versteckt im Hof der Kunstwerke ist.
www.bravomitte.de
Dein Shopping-Geheimtipp?
Ich mag den ***Happy Shop*** (S. 42) in der Torstraße sehr gern. Er hat ein tolles und mutiges Angebot und eine interessante Mischung aus Kleidung, Schuhen und Accessoires.
Dein Lieblingsrestaurant?
Ich gehe sehr gern ins ***Schlesisch Blau***. Ich mag das Konzept, dass alle an einem großen Holztisch sitzen und gemeinsam die Gerichte unserer Kindheit essen.
Facebook.com/schlesisch.blau
Der beste Ort für einen Drink?
Die vielleicht kleinste Disco der Welt, das ***Flow***. Sie ist unter einer Buchhandlung und so richtig klassisch mit Glitzerboden und Discokugel. Der DJ legt sehr enthusiastisch auf und achtet bei der Musikauswahl auf seine Gäste.
Facebook.com/flowbarfriends
Wie sehen deine perfekten 24 Stunden in Berlin aus?
Nach einem Frühstück im ***Café Bravo*** spaziere ich an der Spree Richtung ***Hamburger Bahnhof***, wo ich dann vielleicht eine schöne Ausstellung besuche. Anschließend würde ich in die ***Strandbar Mitte*** zum Tanzen gehen.
www.hamburgerbahnhof.de

SHOPS
2 Sugafari
3 Supalife Kiosk
4 Victoria mèt Albert
5 Peter Fields
6 Goldhahn & Sampson
7 Pomeranza
8 Erfinderladen
9 Kontinentalwaren
10 Ting
11 Tom Shot
12 Nickels
13 Birgit von Heintze Interiors
16 Hoboken
17 Kauf Dich Glücklich
18 Zwölfer
20 Fein und Ripp
ESSEN
14 Meierei
19 Schädels
21 Osmans Töchter
CAFÉ
1 Zuckerstück
15 Bonanza Coffee Hereos
KUNST & KULTUR
22 Mauerpark Flohmarkt
HOTEL
23 Linnen
Berliner Straße
Neumannstraße
Bornholmer Str.
Wisbyer Straße
Schivelbeiner Straße
Stahlheimer Straße
Schönhauser Allee
Kopenhagener Straße
Wichertstraße
Stargarder Allee
Pappelallee
Lychener Str.
Prenzlauer Allee
HELMHOLTZ-PLATZ
Raumerstr.
Dunckerstr.
Senefelderstraße
MAUERPARK
Eberswalder Str.
Eberswalder Straße
Bernauer Str.
Danziger Straße
Oderberger Straße
Schwedter Straße
Knaackstraße
Sredzkistr.
Husemannstr.
Wolliner Straße
Kastanienallee
Choriner Straße
KOLLWITZ-PLATZ
Rykestraße
WASSERTURM
Fehrbelliner Straße
Kollwitzstr.
Senefelderplatz
Tour 1
Tour 2
Tour 3

Prenzlauer Berg

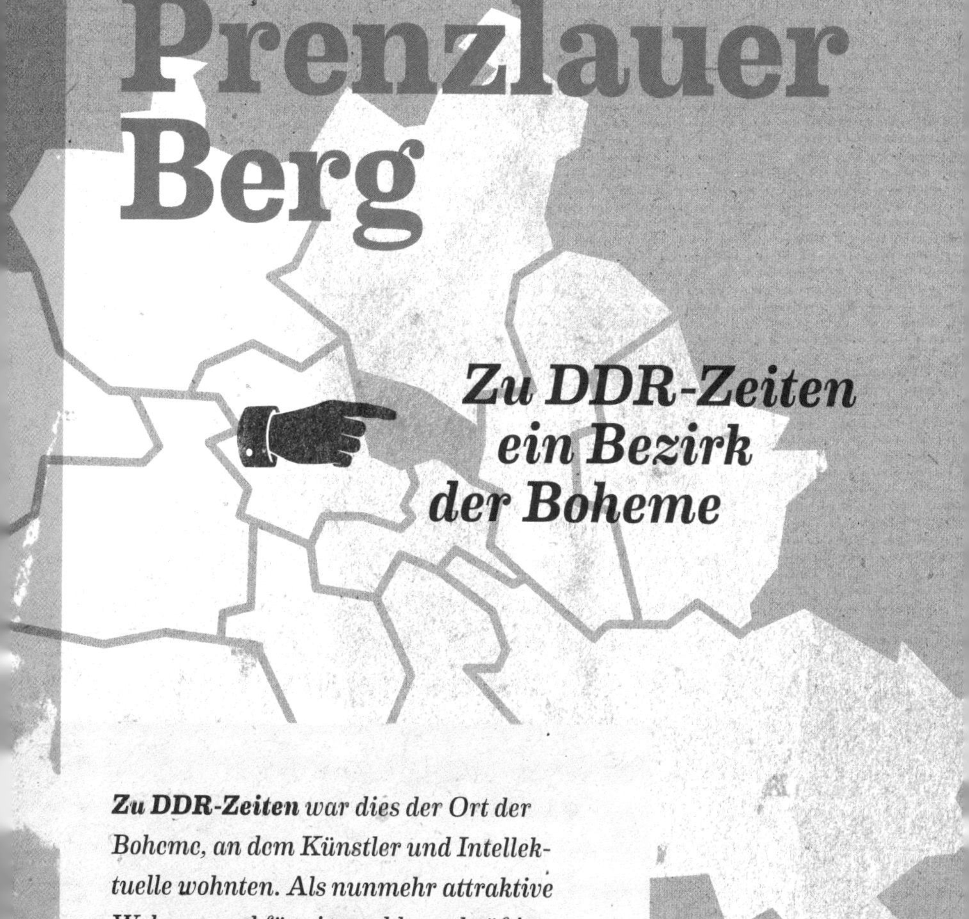

Zu DDR-Zeiten ein Bezirk der Boheme

***Zu DDR-Zeiten** war dies der Ort der Boheme, an dem Künstler und Intellektuelle wohnten. Als nunmehr attraktive Wohngegend für eine zahlungskräftige Klientel bietet der Bezirk eine große Vielfalt an Boutiquen und Restaurants. Wir starten am Helmholtzplatz, auf dem es bei schönem Wetter so scheint, als sei hier der ganze Stadtteil auf den Beinen. Anschließend machen wir uns auf den Weg zum Kollwitzplatz, der am Wochenende einen der schönsten Wochenmärkte beherbergt. Außerdem besuchen wir die Kastanienallee, die etwas jünger und dynamischer ist.*

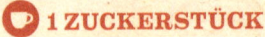

1 ZUCKERSTÜCK

Wir beginnen mit einem Frühstück im Zuckerstück, damit ist Ihnen ein guter Start in den Tag garantiert. Das Café ist in dieser Gegend eine bezaubernde Besonderheit. Mit sehr viel Liebe zum Detail haben Lucie und Andre eine kleine heimelige Welt geschaffen, die man gar nicht mehr verlassen möchte. Setzen Sie sich auf die gemütlichen Cocktailsessel, und lassen Sie sich von den beiden verwöhnen. Sollten Sie doch weiterziehen wollen, machen Sie es nicht, ohne eine überaus köstliche Bowle für zu Hause mitzunehmen, oder kommen Sie zum Kuchenessen zurück.

Schivelbeinerstr. 7, 10439 Berlin
www.zuckerstueck-berlin.de

Zuckerstück

2 SUGAFARI

Süßwaren aus der ganzen Welt, so weit das Auge reicht. Egal, ob aus Russland, Südafrika, Thailand oder Australien: Sugafari hat sicherlich Ihre Reiseerinnerung vorrätig. Bei mehr als 1000 verschiedenen Leckereien fällt die Entscheidung schwer. Ich habe bereits einen Favoriten gefunden: Meine Lieblingssorte sind Orangina-Gummibärchen, die man sonst nur in Frankreich bekommt.
Kopenhagener Str. 69, 10437 Berlin
www.sugafari.com

3 SUPALIFE KIOSK

Die Ladengalerie hat sich auf Künstler aus den Bereichen Siebdruck, Illustration und urbaner Kunst spezialisiert. Über 400 verschiedene Siebdruckarbeiten von 80 Künstlern werden in Editionen von 25 bis 120 Stück angeboten. Dazu gibt es eine kleine, aber perfekte Auswahl an Design-, Foto-, Architektur- und Illustrationsbüchern. Für mich ist es schwer, sich hier nur für eine Siebdruckarbeit zu entscheiden.
Raumerstr. 40, 10437 Berlin
www.supalife.de

BLUES
FESTIVAL

SUPALIFE
KIOSK

4 VICTORIA MET ALBERT

Queen Victoria und der deutsche Prinz Albert eröffneten 1852 in London ein Museum, um ihren Lieblingsexponaten einen Raum zu geben. Diese Sammlung diente den deutsch-britischen Eigentümern des Shops als Vorbild, den sie in ihrem sehr persönlichen Stil ausstatteten. Beim Eintreten erwartet Sie eine umwerfende Auswahl an Geschenkideen, die im hinteren Teil mit Fashion ergänzt wird.

Dunckerstr. 81, 10437 Berlin
www.victoriametalbert.com

5 PETER FIELDS

Dieser Laden hat mich zuallererst durch seine Einrichtung angezogen. Die Holzbohlen an den Wänden stammen aus einem alten Schloss, die Strahler vom Flughafen Schönefeld, und die große Lederauflage war einmal eine Turnmatte. Alles ist sorgfältig und mit viel Geschmack zusammengestellt. Auch wenn fast nur Kleidung für Männer angeboten wird, kommen viele Frauen gern zum Stöbern vorbei.

Dunckerstr. 81, 10437 Berlin
www.peter-fields.com

Peter Fields

STETSON
STETSON

Iron & Resin
ALISTS
Subcultures

6 GOLDHAHN & SAMPSON

Direkt am Helmholtzplatz befindet sich ein Paradies für Genussmenschen. Wie ein Krämerladen ist das Geschäft eingerichtet, das erlesene Lebensmittel und Getränke anbietet. Außerordentlich verführerisch gibt es Käse und Brot in der Auslage, und es liegt ein Gewürzduft in der Luft. Es fällt schwer, sich zu beherrschen und nicht sofort ein Abendessen mit diesen köstlichen Zutaten für alle seine Freunde zu planen. Wem es an Ideen fehlt, kann in den zahlreichen internationalen Kochbüchern stöbern oder findet Inspirationen in den regelmäßig angebotenen Kochkursen.

Dunckerstr. 9, 10437 Berlin
www.goldhahnundsampson.de

Gruyère

Goldhahn
& Sampson

7 POMERANZA

Jetzt kommen wir zu einem meiner Lieblingsläden in Berlin. Sobald ich in den Prenzlauer Berg fahre, besuche ich diesen Shop. Die Auswahl an Designprodukten ist so außergewöhnlich, dass ich immer ein oder zwei Geschenke für anstehende Geburtstage finde. Zuletzt habe ich die Letterpress-Karten entdeckt, mit Sprüchen wie „Dünnen Köchen traut man nicht". Ein anderes Mal habe ich ein Räuchermännchen in Form eines Roboters erstanden. Zu jedem Produkt finden Sie auf einem Schild den Hinweis, woher es stammt und wer es hergestellt hat.

Raumerstr. 19, 10437 Berlin
www.pomeranza-shop.de

POMERANZA
design ranch
CAFE

DER
BESTE
AUGEN
BLICK
IST
IMME
JETZ

8 ERFINDERLADEN

Diesem Shop liegt ein außergewöhnliches Konzept zugrunde. Erfinder haben hier die Möglichkeit, ihre Ideen in kleinen Mengen anfertigen zu lassen und im Laden zu testen. Mein Lieblingsprodukt ist die „Standard Time“, ein Bildschirmschoner, bei dem Bauarbeiter die Uhrzeit minütlich mit Latten umbauen. Hilfreich ist auch der Parkplatzassistent, ein magnetisches Schlüsselbord mit Stadtplan, auf dem Sie Ihren Schlüsselanhänger an der Stelle platzieren können, an der Sie geparkt haben. Im kleinen Automaten an der Fassade gibt es Ideen to go.

Lychener Str. 8, 10437 Berlin
www.erfinderladen-berlin.de

„Der Kollwitzplatz beherbergt am Wochenende einen der schönsten Wochenmärkte in Berlin.“

9 KONTINENTALWAREN

Hier finden Sie ausschließlich in Europa produzierte Spiel-, Schreib- und Haushaltswaren. Viele Produkte werden Sie kennen. Ich freue mich, jedes Mal wieder Dinge aus meiner Kindheit zu entdecken oder Produkte, die mich an meine Reisen erinnern. Ein schönes Mitbringsel ist die Klar-Seife, produziert von der ältesten Seifenfabrik Deutschlands.

Husemannstr. 4, 10435 Berlin
www.kontinentalwaren.de

10 TING

Diesen liebenswerten Laden habe ich erst vor Kurzem entdeckt und bin begeistert von der umwerfenden Auswahl an skandinavischen und asiatischen Produkten. Besonders schön finde ich die Kombination mit Vintage-Möbeln aus den 1960er Jahren, die auch zum Kauf angeboten werden. Von der kuscheligen dänischen Wolldecke über edle Kerzenständer bis hin zu chinesischen Papierscheren ist der Laden eine wahre Fundgrube.

Rykestr. 41, 10405 Berlin
www.ting-shop.com

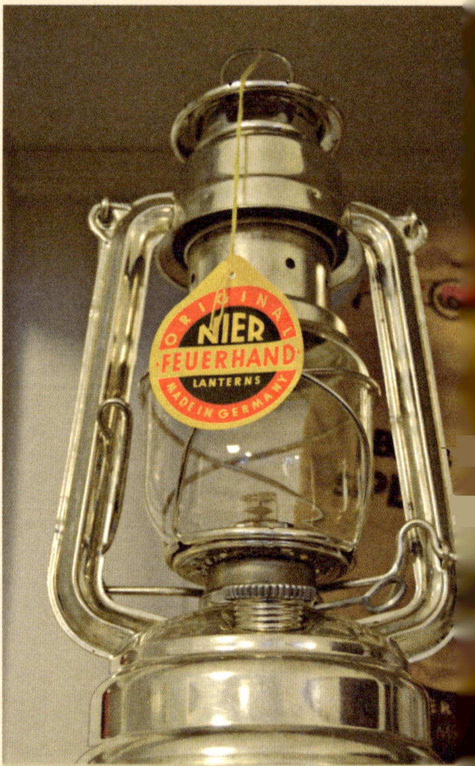

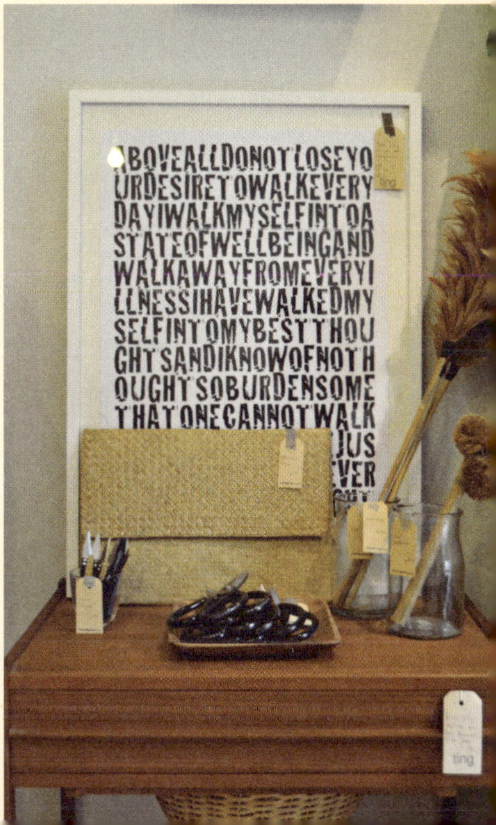
ABOVEALLDONOTLOSEYO
URDESIRETOWALKEVERY
DAYIWALKMYSELFINTOA
STATEOFWELLBEINGAND
WALKAWAYFROMEVERYI
LLNESSIHAVEWALKEDMY
SELFINTOMYBESTTHOU
GHTSANDIKNOWOFNOTH
OUGHTSOBURDENSOME
THATONECANNOTWALK

11 TOM SHOT

Nun führe ich Sie zu einem Berliner Schmucklabel, dessen Kollektionen in ganz Deutschland zu finden sind. Jedes Schmuckteil wird im Atelier in Berlin in Kleinserien von Hand gefertigt. Was ich hier besonders liebe, ist die Tapete aus den 1970er Jahren im Karomuster, die den Laden schmückt. Selbstverständlich besitze auch ich einige Accessoires von Tom Shot.

Sredzkistr. 56, 10405 Berlin
www.tomshot.com

12 NICKELS

Schöner Bettwäsche, Wolldecken und Kissen hat sich dieser Laden verschrieben. Die Textilien sind schlicht und zeitgemäß und in herausragender Qualität gearbeitet. Nickels hat auch ein eigenes Label für Pyjamas und Bettwäsche. Auf einer inspirierenden Ideenwand über dem Sideboard hat die Besitzerin Dorit Nickel die neuesten Trends und Farben zu einer Collage zusammengefügt.

Sredzkistr. 58, 10405 Berlin
www.nickels-berlin.de

NICKELS
BED LINEN & BLANKETS

13 BIRGIT VON HEINTZE INTERIORS

„Stilbrüche sind erwünscht“, lautet das Motto von Birgit von Heintze. Die langjährige Journalistin und Redakteurin für Kultur und Lifestyle hat in Berlin einen Showroom eröffnet, in dem sie neben ihrer Tätigkeit als Interieurdesignerin auch ausgewählte Möbel, Lampen und Wohnaccessoires anbietet. Hier fügt sie unterschiedliche kulturelle Stile zu harmonischen Wohnwelten zusammen. Kein Wunder: Als Tochter eines Kapitäns verbrachte Birgit von Heintze, den Großteil ihrer Kindheit auf den Schiffen ihres Vaters.

Sredzkistr. 52, 10405 Berlin
www.birgit-von-heintze.de

14 MEIEREI

Lust auf einen alpenländischen Snack? Dann empfehle ich Ihnen dieses charmante Ladencafé. Hier bekommen Sie Weißwürste, Gulasch, Butterbrezel und vor allem einen sehr guten Apfelstrudel. Beachten Sie unbedingt die Wandmalerei über dem Tresen, sie ist mehr als 100 Jahre alt und stammt noch aus dem Käseladen, der sich in den Räumen befand. Die Berge kann man nicht nach Berlin holen, aber Käse und Wurst. So wurde mitten im Prenzlauer Berg ein kleine, alpenländliche Idylle geschaffen, in der man sehr gut essen kann und sich rundum wohlfühlt.

Kollwitzstr. 42, 10405 Berlin
www.meierei.net

„Vorne Ostsee, hinten die Friedrichstraße."

Kurt Tucholsky, „Das Ideal"

15 BONANZA COFFEE HEREOS

Hier starten wir mit dem ersten Kaffee des Tages, um den Kastanienallee-Kiez zu erobern. Die Sitzplätze sind begrenzt, weshalb dann schon mal ein Kaffeesack umfunktioniert wird. Im Sommer gibt es draußen Stühle. Die Barista lieben es, über ihren selbst gerösteten Kaffee zu philosophieren. So kann es mit der Bestellung schon einmal etwas länger dauern, aber man hat viel über die Röstung erfahren.

Oderberger Str. 35, 10435 Berlin
www.bonanzacoffee.de

16 HOBOKEN

Wenn Sie die Straße weiter runtergehen, finden Sie diesen liebevoll eingerichteten Modeladen, der eine Auswahl an gut sortierter Vintage-Fashion für Männer und Frauen anbietet. Im gelb-braunen Blumentapeten-Ambiente macht die Suche nach dem perfekten Teil oder Accessoire besonders viel Spaß. Im Hinterzimmer wird das eigene Label Fiona Katz produziert.

Oderberger Str. 48, 10435 Berlin
facebook.com/berlin.hoboken

17 KAUF DICH GLÜCKLICH

Nun machen wir eine kleine Waffelpause, denn in nur wenigen Schritten sind Sie im Kauf Dich Glücklich. Der Name deutet es schon an: Neben den köstlichen Waffeln können Sie nämlich noch kleine Wohnaccessoires erwerben. Die Leckereien können Sie draußen auf alten DDR-Eisdielenstühlen genießen oder drinnen auf alten Cocktailsesseln. Die Regalwand ist aus unbearbeitetem Holz gezimmert. Dadurch wirkt der Laden herrlich improvisiert. Aber lassen Sie sich nicht täuschen, mittlerweile gibt es Kauf Dich Glücklich 13-mal in Deutschland.

Oderberger Str. 44, 10435 Berlin
www.kaufdichgluecklich-shop.de

EIS
EIS
EIS
EIS
HAUSGEMACH
EIS

18 ZWÖLFER

Kleine Pfotenspuren begrüßen Sie, mit denen sich wohl eine Katze im frisch gegossenen Boden verewigen wollte. Genauso sanft wirken die Siebdrucke von Anna von Gwinner auf ihren T-Shirts. Die Motive sind Pflanzen und Tiere. Besonders der wilde Apfelbaum ist ein wundervolles Motiv. Frau Gwinner nimmt auch Auftragsarbeiten entgegen, wie zum Beispiel eine große Tischdecke mit Datum. Ein prima Hochzeitsgeschenk.

Oderberger Str. 56, 10435 Berlin
www.zwoelfer.eu

19 SCHÄDELS

Direkt nebenan können Sie eine kleine Pause einlegen. Im Minirestaurant Schädels bietet sich die Gelegenheit für ein hervorragendes Mittagessen. Die Küche ist süddeutsch, und die kleine Karte wechselt täglich. Das Publikum besteht aus vielen Stammgästen. Das Essen bekommen Sie vom Koch serviert, da er selbst sehen will, wie sein Essen bei den Gästen ankommt.

Oderberger Str. 56, 10435 Berlin
www.schaedels.com

1 2 3
2013

20 FEIN UND RIPP

Fein und Ripp ist ein Familienunternehmen. Dem Vater wurde die Ware einer vor Jahren stillgelegten Textilfabrik angeboten, und beim Besuch auf der Schwäbischen Alb war schnell klar: Die Stoffe müssen genutzt werden. Zuerst saßen Vater und Söhne jeden Sonntag auf dem Flohmarkt, um die ungetragenen Textilien zu verkaufen. Die Resonanz war so groß, dass sie nun mit einem erweiterten Angebot in einen Laden gezogen sind. Dieser schickt die Besucher auf eine kleine Zeitreise, denn auch die Einrichtung wurde der Ware angepasst.

Kastanienallee 91/92, 10435 Berlin
www.feinundripp.de

185,-

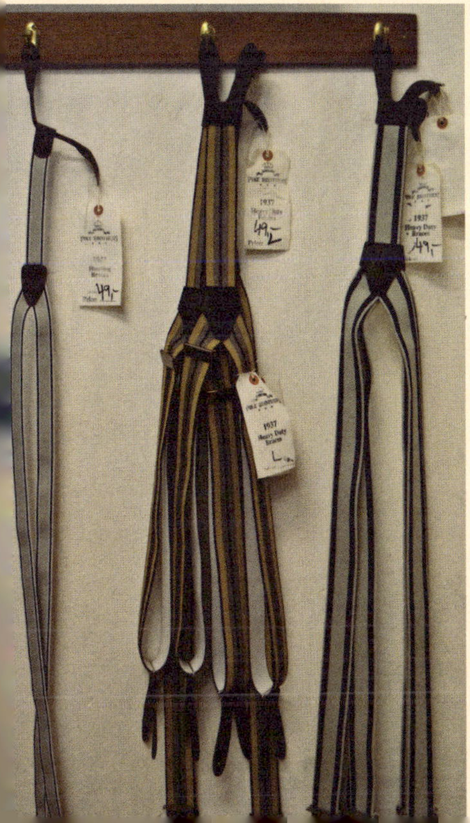
1937
Heavy Duty Braces
49,-

21 OSMANS TÖCHTER

Eigentlich ist eher der Bezirk Kreuzberg für seine türkische Küche bekannt. Das außergewöhnlichste türkische Restaurant befindet sich aber hier im Prenzlauer Berg. Erst vor Kurzem haben Arzu und Lale dieses Kleinod der türkischen Gastfreundschaft und Kulinarik eröffnet. Die Küche ist modern. Ich kann Ihnen die Vorspeisenauswahl und die selbst gemachten Limonaden wie Grapefruit-Lavendel sehr empfehlen. Die Einrichtung spielt mit den türkischen Klischees. Besonders die Teppiche, die mit ihrer Rückseite zum Raum aufgehängt wurden, finde ich großartig.
Pappelallee 15, 10437 Berlin

22 MAUERPARK FLOHMARKT

Sind Sie an einem Sonntag in Berlin, empfehle ich Ihnen Berlins größten Flohmarkt auf dem ehemaligen Mauerstreifen. Egal, ob Profiverkäufer, Student oder Hausfrau, wer etwas zu verkaufen hat, ist hier. Die sonntägliche Veranstaltung wirkt wie eine riesige Trödelparty. Falls Sie Hunger bekommen, gibt es zwischendrin kleine Food-Inseln. Ich empfehle Ihnen die Rostbratwurst von Tannenwälder und als Nachtisch ein mit Liebe und Ideenreichtum gemachtes Eis von Paletas. Probieren Sie Gurke-Zitrone!

Bernauer Str. 63–64, 13555 Berlin
www.mauerparkmarkt.de

TOILET
WC
MARKT

EIS AM STIEL
VEGAN
Mango-Kokos
Buttermilch-Zitrone
Erdbeere-Limette
Gurke-Zitrone
Erdbeere-Prosecco
Paletas
Berlin

FLOHMARKT
BERLIN

23 LINNEN

Direkt neben dem Mauerpark liegt das Boutique-Hotel Linnen. In dem Gründerzeitbau verteilen sich auf zwei Etagen ein Café, fünf Zimmer und ein Apartment. Die Zimmer sind altbautypisch groß und individuell eingerichtet. Viele Möbel stammen aus einer alten Kreuzberger Messtechnikfirma. Beeindruckend ist die große geschwungene Holztreppe, die vom Café hoch zur Beletage führt. Es ist mehr ein Zuhause als ein Hotel. Wem die Bettwäsche gefällt, kann sie kaufen, denn alle verwendeten Stoffe sind für das Hotel extra angefertigt worden.

Eberswalder Str. 35, 10437 Berlin
www.linnenberlin.com

Olivia Reynolds

Berlinerin seit 2009

Die Londonerin Olivia Reynolds *studierte Kunst und arbeitete als Kuratorin, bevor sie den Projektraum LoBe in Berlin gestartet hat. Hier werden im Stadtteil Wedding Künstler/-innen aus London und Berlin eingeladen, um einen Monat in den Galerieräumen des LoBe neue Arbeiten zu entwickeln. Für diese Idee ist Olivia Reynolds extra nach Berlin gekommen, da es ihr von hier aus einfacher erschien, das Projekt ins Leben zu rufen und auch zu finanzieren. Aktuell plant Olivia, auf einem 2000 Quadratmeter großen Gelände eine Begegnungsstätte für Künstler zu schaffen, mit einem Café, in dem es ein echtes britisches Frühstück geben soll. Denn das vermisst sie sehr in Berlin.*

www.lob-be.net

„Mich inspiriert das Gefühl von Freiheit."

Was ist für dich typisch Berlin?
Berlin ist weniger tolerant als London. Gerade wenn man mit Bürokratie zu tun hat. Wenn ein Zug zu spät kommt, sind alle genervt, in London sind wir das gewohnt.
Was inspiriert dich an Berlin?
Mich inspiriert das Gefühl von Freiheit, weil es so viel Platz gibt. Alles ist größer als in London, die Wohnungen, die Straßen, die Grünflächen. Das ist für Künstler toll.
Dein Lieblingsort?
Der ***Piano Salon Christophori*** in den Uferhallen ist mir der liebste Ort auf der Welt. Dort wurden früher Straßenbahnen repariert. Heute hat sich in einer der Hallen ein Mann angesiedelt, der Klaviere repariert. Seit ein paar Jahren veranstaltet er dort Konzerte. Es kommen Künstler aus aller Welt. Man sitzt inmitten der vielen Flügel und Klaviere, was eine unglaublich tolle Atmosphäre ist.
www.konzertfluegel.com
Das beste Frühstück?
Ich gehe gern in die Kantine von ***ExRotaprint***, auf dem ehemaligen Gelände des Druckmaschinenherstellers. Heute sind dort soziale Einrichtungen, Künstler und Gewerbebetriebe untergebracht.
www.exrotaprint.de
Dein Shopping-Geheimtipp?
Ich gehe gern trödeln. Mein absoluter Lieblingsladen ist ***Annachron*** in der Kopenhagener Straße. Dort gibt es sehr besondere, bunte Möbel.
www.annachron.de
Dein Lieblingsrestaurant?
Ich gehe mindestens einmal im Monat ins ***Si An*** thailändisch essen. Das Restaurant ist mit vielen Laternen eingerichtet, die auch im Garten vor dem Restaurant hängen.
www.sian-berlin.de
Der beste Ort für einen Drink?
Ich mag die ***Bar 3*** an der Volksbühne, das ist ein richtiger Künstlertreffpunkt.
Bar 3, Weydingerstr. 20
Wie sehen deine perfekten 24 Stunden in Berlin aus?
Ich würde mit Yoga starten und anschließend mit meinem Hund „Teabag" im ***Volkspark Friedrichshain*** spazieren gehen. Auf jeden Fall würde ich in eine ***Galerie*** gehen, anschließend einen der köstlichen Kuchen von ***Victoria*** essen und einen Earl Grey trinken. Dann würde ich schwimmen gehen. Ich liebe das ***Bauhaus Schwimmbad*** in der Gartenstraße. Da gibt es auch eine Sauna und ein Dampfbad. Zum Schluss würde ich ins ***Kino International*** gehen und dort einen Film schauen.
www.victoria-berlin.com
www.berlinerbaeder.de
www.klub-international.com

SHOPS
2 Dollyrocker
3 Visby
4 Stereoki Stòre
6 Superschlüpfer
11 Herr Nilsson Godis
12 Küchenliebe
13 Liebe Møbel Haben
14 Julia & Amely
ESSEN
8 Schwarzer Hahn
17 Schneeweiß
CAFÉ
1 Auntbenny
5 Cupcake
7 Kinkibox
10 Tres Cabezas
15 Olivia
BAR
9 The Antlered Bunny
KUNST & KULTUR
16 Urban Spree
HOTEL
18 Michelberger Hotel
Proskauer Straße
Frankfurter Allee
Samariter Straße
U
Simon-Dach-Str.
Mainzer Straße
Weichselstr.
Gabriel-Max Str.
BOXHAGENER PLATZ
Gärtnerstr.
Oderstraße
Krossener Str.
Boxhagener Straße
Wühlischstraße
Revaler Straße
Warschauer Str.
Modersohnstraße
Seumestraße
Sonntagstraße
Simplonstraße
S
U Warschauer Straße
MODERSOHNBRÜCKE
Ostkreuz S
WARSCHAUER BRÜCKE, EASTSIDE GALLERY
OSTHAFEN
Spree
Stralauer Allee
Markgrafendamm
Kynaststraße
Tour 1
Tour 2
1/9
2
3
4
5
6
7
8
10
11
12
13
14
15
16
17
18

Friedrichs-hain

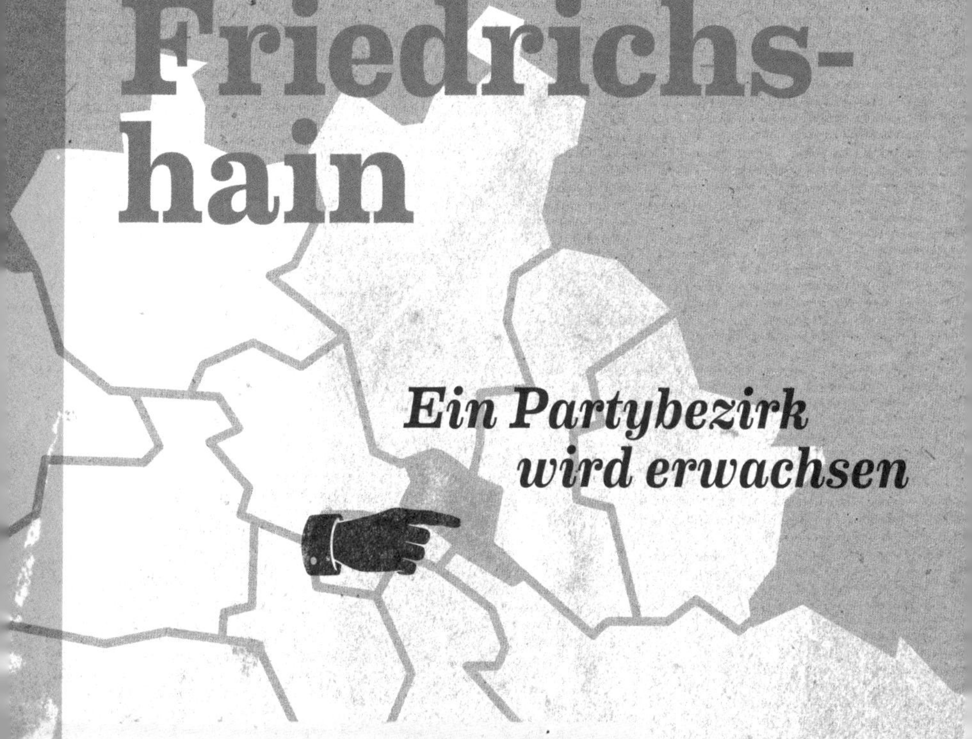

Ein Partybezirk wird erwachsen

Friedrichshain *hat mehrere Leben. Tagsüber können Sie durch viele kleine Läden bummeln und in Cafés sitzen. In der Dämmerung verjüngt sich der Bezirk rund um den Boxhagener Platz und der Simon-Dach-Straße. Bei schönem Wetter versammeln sich die Hipster auf der Modersohnbrücke, um einen Blick auf den Sonnenuntergang über den Gleisen zu werfen. Der Abend geht in den unzähligen Clubs weiter und endet in den frühen Morgenstunden. Kein Wunder, dass viele Geschäfte in diesem „Spätaufsteherbezirk“ erst gegen 11 oder 12 Uhr öffnen.*

1 AUNTBENNY

In unsere kleine Fashiontour starten wir mit einem späten Frühstück im Auntbenny. Achtung, Montag ist leider geschlossen. Egal, welcher Frühstückstyp Sie sind, Sie werden hier definitiv etwas finden. Und dazu noch in einer wundervollen entspannenden Location. Platz finden Sie entweder an einem der kleineren Tische drinnen und draußen. Oder an meinem Lieblingsplatz, dem großen Gemeinschaftstisch, der zum Gespräch mit anderen Cafébesuchern einlädt. Schauen Sie sich unbedingt die Wanddeko an: Es sprießen spießige 1970er-Jahre-Pflanzen!

Oderstr. 7, 10247 Berlin
www.auntbenny.com

2 DOLLYROCKER

Ein Shop für die jüngsten Berlinbesucher: Die Kindermode im Dollyrocker ist aus alten Stoffen selbst genäht – und herzallerliebst. Ein Klassiker sind die Babymützen, die fast jedes Kind im Kiez trägt und die ich selbst gern an frischgebackene Eltern verschenke. Weiterhin finden Sie eine kleine, sehr feine Auswahl an Kinderspielzeug aus Frankreich und Skandinavien.
Gärtnerstr. 25, 10245 Berlin
www.dollyrocker.de

3 VISBY

Direkt daneben finden Sie Visby. In dem sehr kleinen Laden ist die Auswahl an skandinavischer Mode erstaunlich groß. Besonders das Angebot an Kleidern ist bemerkenswert. Martin berät sehr aufmerksam, und ich war noch nie unglücklich über ein dort gekauftes Teil. Ein besonderer Hingucker sind die Lampen, die von der Decke hängen und wie kupferne Diamanten aussehen. Ein weiterer Visby-Shop hat direkt um die Ecke eröffnet.
Gärtnerstr. 26, 10245 Berlin
www.visby-berlin.de

Visby

4 STEREOKI STORE

Nun zu den Herren: Wenn Sie mögen, können Sie sich im Stereoki Store von oben bis unten einkleiden. Die Mode ist hip, aber nicht zu cool. Ergänzt wird das Angebot mit Accessoires wie Uhren, Sonnenbrillen und Taschen der Marke Qwestion. Der Besitzer wirkt ein wenig spröde, wird Sie aber gut beraten. Ich bin unter anderem gern dort, weil mir die Einrichtung ausgesprochen gut gefällt: Viele Möbelelemente sind aus rohem Holz gezimmert und präsentieren Hüte und Schuhe wie kleine Kunstwerke; alte Schubladen und Obstkisten wurden zu Regalen umfunktioniert.

Gabriel-Max-Str. 18, 10245 Berlin
www.stereoki.com

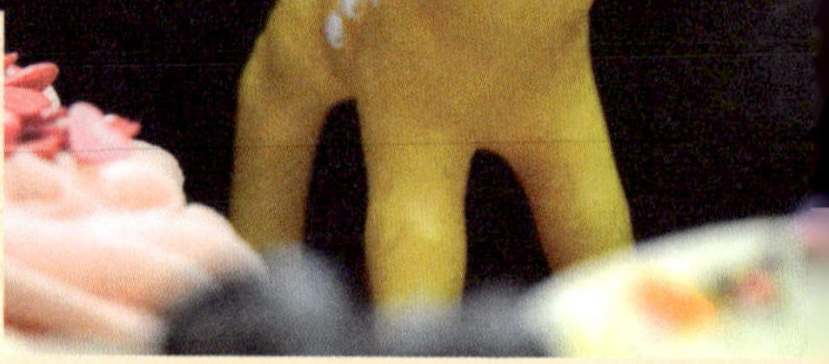

5 CUPCAKE

Brauchen Sie eine Pause? Dann empfehle ich Ihnen Cupcake. Der Laden war einer der Ersten in Berlin, der sich auf diese kunstvoll verzierten kleinen Kuchen spezialisiert hat. Ich verschenke gern mal zum Geburtstag eines dieser verspielten Küchlein und lasse es mir dann mit einer Kerze verpacken. Sie sollten unbedingt The King probieren: ein Schoko-Erdnuss-Cupcake zu Ehren von Elvis Presley.

Krossener Str. 12, 10245 Berlin
www.cupcakeberlin.de

6 SUPERSCHLÜPFER

Jetzt geht es zu Superschlüpfer in der Wühlischstraße: Wer so einen winzigen Laden wie Nina hat, muss ein gutes Händchen für eine kleine und feine Auswahl an Unterwäsche haben. Von klassisch bis verspielt finden Sie hier ein ausgesuchtes Angebot. Selbst mein bester Freund aus London plant bei jedem Besuch in Berlin einen Einkauf hier ein und kommt nicht unter fünf Schlüpfern raus.

Wühlischstr. 25, 10245 Berlin
www.superschluepfer.de

Superschlüpfer
DIESEL

FRANK DANDY
DESAYUNOS
MALTAS

7 KINKIBOX

Jetzt können Sie selbst kreativ werden: Machen Sie einen Nähkurs! Ich hoffe, Sie haben keine Hundeallergie, denn in der Kinkibox wartet „Alfi“ auf Sie. Nichts passt besser zu einem Nähstudio als ein Pudel! Wenden Sie mal Ihren Blick von „Alfi“ ab, und bestaunen Sie die Einrichtung: Es gibt viele charmante Details zu entdecken, besonders an den Wänden, die zum Teil von einer Künstlerin bemalt wurden. Wenn Sie wie ich keine Begabung zum Nähen haben, können Sie auch bereits fertige Teile im Kinkishop erwerben. So bleibt mehr Zeit, um „Alfi“ zu streicheln.

Seumestr. 21, 10245 Berlin
www.kinkibox.de

8 SCHWARZER HAHN

Es gibt viele Kneipen und Restaurants im Friedrichshain, aber leider sind nicht alle gut. Wir sind hier in der Seumestraße aber genau am richtigen Ort und kehren im Schwarzen Hahn ein. Am besten reservieren Sie vorab, um Enttäuschungen zu vermeiden. Jan kocht mit Zutaten aus der Region. Seine Küche bezeichnet er als Heimatküche. Zu der gehören natürlich auch Schnitzel, und was für welche! Für mich die besten in Berlin. Sollte auf der Tageskarte als Vorspeise das Lachstartar auf Babyspinat stehen, greifen Sie zu. Das ist dort eine meiner Lieblingsspeisen.

Seumestr. 23, 10245 Berlin
www.schwarzerhahn-heimatkueche.de

9 THE ANTLERED BUNNY

Möchten Sie den Abend noch bei einem Getränk ausklingen lassen, dann empfehle ich Ihnen The Antlered Bunny. Die Bar ist klein, sodass man schnell mit seinem Nachbarn ins Gespräch kommt. The Antlered Bunny gehört zum Frühstückslokal von heute Morgen, dem Auntbenny (siehe S. 118), und ist genauso liebevoll eingerichtet. Ich mag das Separee, in dem die einzige Deko eine Blume ist. Außerdem bin ich süchtig nach den Rosmarincrackern, die man zum Cocktail bestellen kann. Wenn Sie gern Whisky trinken, können Sie sich auf eine riesige Auswahl freuen.

Oderstr. 7, 10247 Berlin
www.the-antlered-bunny.com

„Janz Berlin ist eine Reise wert.“

Erhard Krack, Bürgermeister von Ost-Berlin, 1989

10 TRES CABEZAS

Starten wir mit einem Frühstück im Tres Cabezas. Ein guter Kaffee gehört zu einem perfekten Start in den Tag. Probieren Sie unbedingt den frisch gefilterten. Die Besitzer Robert und Sascha sind Mikroröster, sie machen Kaffee aus Leidenschaft und besitzen eine Kaffeeplantage in Costa Rica. Wenn Sie am Tresen stehen, werfen Sie einen Blick an die Decke, sie wurde mit Kupferfarbe gestrichen.

Boxhagener Str. 74, 10245 Berlin
www.trescabezas.de

11 HERR NILSSON GODIS

Wenn Sie beim Tres Cabezas draußen sitzen, können Sie sehen, wie um 12 Uhr der Laden Herr Nilsson Godis gegenüber öffnet. Er ist ein Paradies für Liebhaber skandinavischer Süßigkeiten und Lakritz. Ich liebe die Gummibärchen mit Wassermelonengeschmack. Jedes Mal, wenn ich dort bin, kaufe ich meine Favoriten und eine neue Sorte. So probiere ich mich durch die nahezu unerschöpfliche Auswahl.

Wühlischstr. 58, 10245 Berlin
www.herrnilsson.com

godis

Geisha
Mjuk Polka

herrNilsson
Besuche unseren Onlineshop

12 KÜCHENLIEBE

Jetzt möchte ich Sie einladen, mich zu besuchen. Küchenliebe habe ich als Quintessenz aus meinem Hobby, dem Kochen und vor allem dem Genießen eröffnet. Ich habe ein Faible für Kochutensilien, die durch Schlichtheit und Funktionalität bestechen. In Zeiten, in denen vieles von Maschinen übernommen wird, konzentriere ich mich auf wertige traditionelle Kochaccessoires aus der ganzen Welt. Mein Lieblingsprodukt ist eine schlichte Eisenpfanne, die schon seit mehr als 100 Jahren in Handarbeit hergestellt wird. Sie ist zeitlos, praktisch und wunderschön.

Gärtnerstr. 28, 10245 Berlin
www.kuechenliebe.de

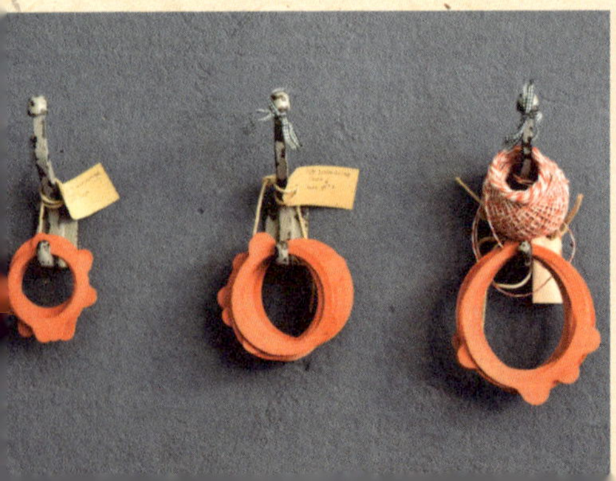

13 LIEBE MØBEL HABEN

Nun geht es weiter in die Boxhagener Straße – zu Liebe Møbel Haben. Als Liebhaberin des modernen Designs der 1960er Jahre möchte ich Ihnen diesen Laden besonders empfehlen. Alle Möbel sind ausgewählte Designerstücke: Sofas, Sessel und Schreibtische sind einfach zum Verlieben. Sie finden außerdem eine große Auswahl an Lampen. Auch das Geschäft selbst ist besonders, hat es doch noch die alten DDR-typischen Schaufenster aus eloxiertem Aluminium. Der Besitzer Rene weiß alles über das Design der Sechzigerjahre und ist eine wahre Inspirationsquelle.

Boxhagener Str. 113, 10245 Berlin
www.liebemoebelhaben.de

14 GOLDSCHMIEDE JULIA & AMELY

Jetzt geht es weiter zur Goldschmiede von Julia & Amely. Die beiden Namensgeberinnen fertigen kleine, kostbare Unikate, die den Geldbeutel nicht allzu sehr strapazieren. Einige Schmuckstücke sind mädchenhaft verspielt, andere sehr klar. Auf meinem Weg nach Hause komme ich dort vorbei und bleibe oft vor den großen Schaufenstern stehen, um die neuesten Stücke zu bewundern. Mein Favorit ist immer noch ein Klassiker von Julia und Amely, ein Armband mit einer Zuchtperle in Form eines Sterns.

Wühlischstr. 33b, 10245 Berlin
www.juliaundamely.de

15 OLIVIA

Lust auf Kuchen? Dann empfehle ich Ihnen Olivia. Der Laden ist sehr klein, die Tartes aber großartig und die Auswahl an Schokoladen bemerkenswert. Petra ist total verrückt nach den dunklen Nougatstückchen, die man einzeln kaufen kann. Außerdem sind die handbemalten Schokoladenkekse ein Hit: Im Frühjahr gibt es Herzen, im Sommer Schmetterlinge und im Winter Weihnachtsmänner. Diese Leckereien sind von Olivia ganz zauberhaft bemalt. Falls die große Auswahl Sie überfordert, lassen Sie sich von den Verkäuferinnen beraten.

Wühlischstr. 30, 10245 Berlin
www.olivia-berlin.de

„Niemand hat die Absicht, eine Mauer zu errichten."
Walter Ulbricht, Staatsratsvorsitzender der DDR

16 URBAN SPREE

Jetzt entführe ich Sie an einen Platz, der urbaner nicht sein könnte. Auf dem Gelände eines alten Bahnwerks finden Sie unzählige Clubs, Cafés, Kneipen, einen Flohmarkt, eine Skaterhalle und eben die Galerie Urban Spree. In einer Fabrikhalle und einem zweistöckigen Haus wurde ein Ort für Streetartkünstler etabliert, die hier arbeiten und ihre Werke zeigen können. Im Hof gibt es einen Biergarten, dessen Wand regelmäßig mit neuer Kunst besprüht wird. In der Ausstellungshalle befindet sich ein Bookstore zum Thema Urbanität und Streetart.

Revalerstr. 99, 10245 Berlin
www.urbanspree.com

INVASION BERLIN
PREE GALLERY

THE CIRCLE SHOP

17 SCHNEEWEISS

Zum Schluss möchte ich Sie in eines der etabliertesten Restaurants von Friedrichshain, das Schneeweiß, schicken. Die Einrichtung ist, wie der Name schon ahnen lässt, in Weiß gehalten. Mein Lieblingsplatz ist der große Tisch mitten im Raum, mit einer Deckenlampe, deren Glas wie Eis aussieht. Im Winter können Sie es sich im hinteren Kaminzimmer bei einem Glas Rotwein gemütlich machen.
Im Schneeweiß gibt es köstliche Alpenküche. Das Frühstück am Wochenende ist ein Erlebnis. Der Service ist besonders freundlich. Unbedingt reservieren!

Simplonstr. 16, 10245 Berlin
www.schneeweiss-berlin.de

18 MICHELBERGER HOTEL

Das Michelberger Hotel besticht mit über 100 Zimmern, die meist thematisch eingerichtet sind. Da gibt es zum Beispiel den Boy's Room mit Videobeamer und Playstation. Mein persönliches Lieblingszimmer ist der Golden Room mit einem riesigen Porzellanhund, Himmelbett und goldenen Mosaikfliesen im Bad. Das Hotel bietet auch eine Bar, ein Restaurant und einen Club. Im Sommer kann man sehr entspannt im Hof sitzen und essen. Im Winter werden hier 50 Tannenbäume aufgestellt, außerdem gibt es Glühwein in einer Alpenhütte.

Warschauer Str. 39/40, 10243 Berlin
www.michelbergerhotel.com

Tim Thaler

Tim Thaler ist der Liebe wegen *nach Berlin gekommen. Er ist ein Multitalent. Als freischaffender Journalist ist er Inhaber der Radiostation Berlin FM mit 128 Mitarbeitern, er legt ab und zu noch als DJ auf, ist Fachbereichsleiter einer Journalismus-Schule in Berlin und Hamburg und Berater von Medienpolitikern aus Berlin/Brandenburg. Den Namen Tim Thaler hat er sich in seinen Berufsanfängen als DJ zugelegt und wurde vom Deutschlandfunk unter diesem Alias als Moderator eingekauft. Bevor Tim Thaler als Quereinsteiger in das Berliner Musikclub-Business eingestiegen ist, hat er viele andere Dinge gemacht: Er ist gelernter Tierarzthelfer, hat aber auch schon bei einer Versicherung und anschließend beim Film als Aufnahmeleiter gearbeitet.* ***www.bln.fm***

„Typisch Berlin ist für mich der kulturelle Melting Pot, aus Subkultur und Hochkultur."

Was ist für dich typisch Berlin?
Oh je, wie viel Platz hast du? Typisch Berlin ist für mich der kulturelle Melting Pot aus Subkultur und Hochkultur. Berlin ist ein Experimentierfeld für neue Ideen, einige gehen baden, einige überleben, andere werden richtige Wirtschaftsbetriebe.
Was inspiriert dich an Berlin?
All die vielen kreativen Ideen und kreativen Menschen in der Stadt. Es inspiriert mich, diese Menschen und ihre Projekte kennenzulernen, mit ihnen zusammenzuarbeiten und im besten Falle ihre Projekte wachsen zu sehen, welche dann fest zu Berlins Kultur gehören.
Dein Lieblingsort?
Derzeitig ist es der *Klunkerkranich* (S. 208), eine Open-Air-Location auf dem obersten Deck eines Parkhauses mitten in Neukölln. Ein soziokulturelles Biotop in einer Gegend, in der man keine Clubkultur erwarten würde. Man kann an der Bar abhängen und bekommt tolle Musik zu hören wie Jazz und Lounge.
Das beste Frühstück?
Wenn ich tatsächlich frühstücken gehe, dann in das *Macondo* hier in Friedrichshain. Es gibt da ein sehr tolles, außergewöhnliches Frühstück. Man kann dort in Ledersesseln sitzen und rauchen, das finde ich großartig. Sollte das Frühstück mal länger dauern, gibt es auch tollen Wein.
www.macondo-berlin.de
Dein Shopping-Geheimtipp?
Ich liebe das *Kaufhaus des Westens*, besonders die Parfümabteilung.
www.kadewe.de
Dein Lieblingsrestaurant?
Ich bin gern im *Ishin*, einem Sushirestaurant parallel zur Friedrichstraße. Eigentlich sieht es nach nichts außer einer riesigen Fabrik aus, ist aber immer voller Asiaten. Man versteht sein eigenes Wort nicht, aber das Sushi dort ist superlecker.
www.ishin.de
Wie sehen deine perfekten 24 Stunden in Berlin aus?
Zu meinen perfekten 24 Stunden gehören auf alle Fälle ausschlafen und ein ausgedehntes Frühstück. Den Tag verbringe ich mit Freunden, wir fahren ein wenig mit dem Auto rum, gehen baden oder in die Sauna. Am Abend steht dann das *Sohohaus* auf dem Programm. Dort kann man am Pool sitzen oder in einem gemütlichen Clubsessel einen Cocktail trinken. Wenn der Tag wirklich perfekt sein soll, würde ich da auch gleich übernachten.
www.sohohouseberlin.de

Kreuzberg

Hier kommen Kreuzberger Pflastersteine auf den Teller

***Kreuzberg** ist ein bunter, multikultureller Bezirk. Mal ruhig, mal wild – je nachdem, wo Sie sich befinden. Ich selbst wohne im Graefekiez, der durch den Landwehrkanal ganz viel Grün bietet und eher beschaulich ist. In der Bergmannstraße können Sie prima bummeln gehen, hier reiht sich ein Café ans andere. Alles um die Oranienstraße herum ist alternativer. Um die Ecke, am Kottbusser Tor, startet die jährliche 1.-Mai-Demonstration, die über die Stadtgrenzen hinaus bekannt ist. Auf unseren Touren kommen wir an all diesen Plätzen vorbei.*

SHOPS

- 2 Arte Vida
- 3 Offstoff
- 4 Süper Store
- 6 Kadó
- 7 Glamoury
- 9 Mjot
- 10 Zeha
- 11 Boucherie & Söhne
- 12 Schwesterherz
- 13 Paul Knopf
- 14 Radio Art
- 17 Artdoor-Raumgestaltung
- 18 Farben Kacza
- 19 DIM
- 20 Voo Store
- 21 Treibgut
- 22 Modulor
- 23 Extratapete
- 24 Overkill

ESSEN

- 8 Mädchen ohne Abitur
- 15 Ø
- 25 Long March Canteen
- 26 Markthalle neun

CAFÉ

- 1 Monsieur Ibrahim
- 5 Goldmarie
- 16 Fräulein Wild

HOTEL

- 27 The Cat's Pajamas Hostel

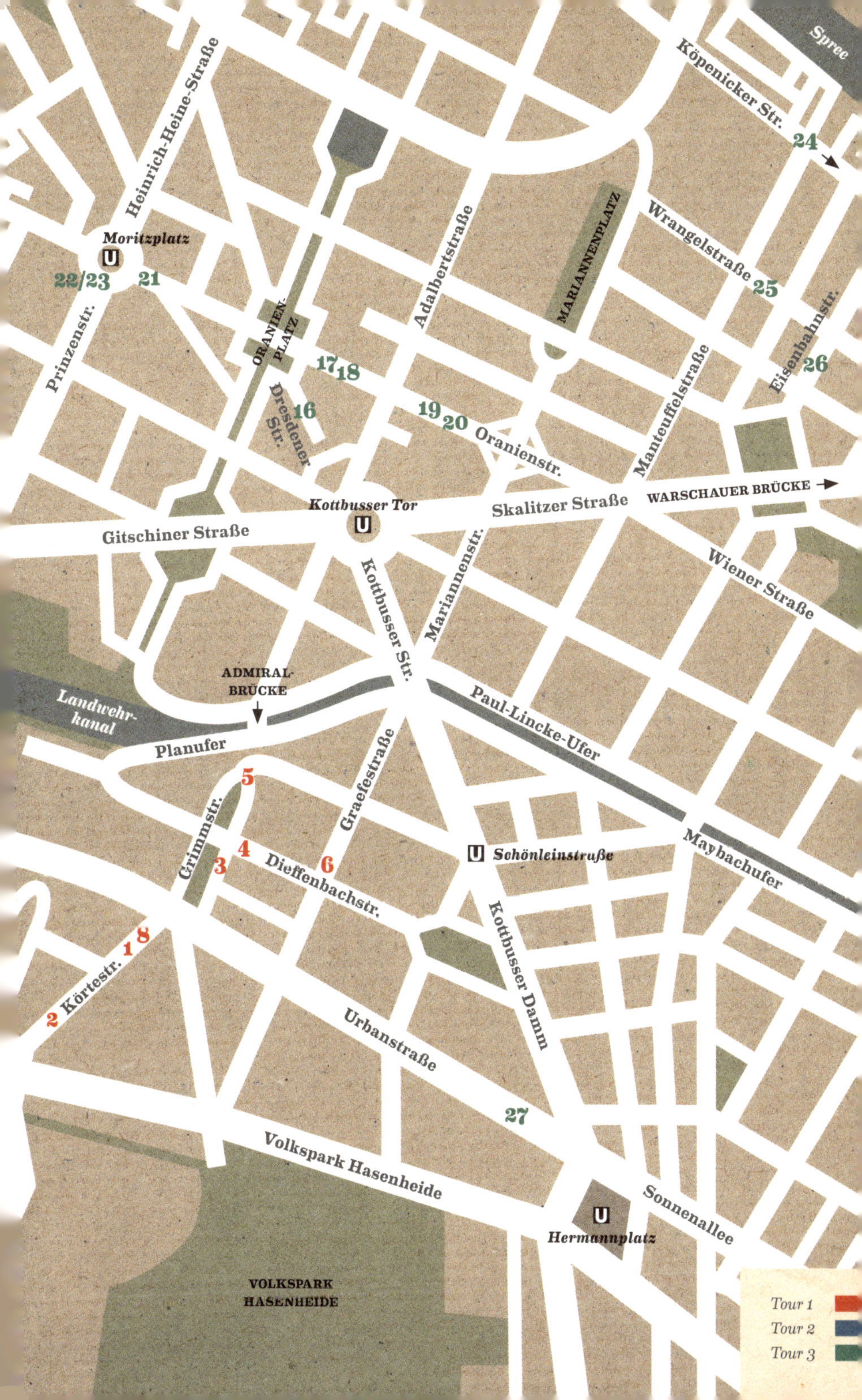

Spree
Köpenicker Str.
24
Heinrich-Heine-Straße
Moritzplatz
U
22/23
21
Prinzenstr.
ORANIEN-PLATZ
17
18
16
Dresdener Str.
Adalbertstraße
MARIANNENPLATZ
Wrangelstraße
25
Eisenbahnstr.
26
Manteuffelstraße
19
20
Oranienstr.
Kottbusser Tor
U
Gitschiner Straße
Skalitzer Straße
WARSCHAUER BRÜCKE
Wiener Straße
Kottbusser Str.
Mariannenstr.
ADMIRAL-BRÜCKE
Landwehr-kanal
Planufer
Paul-Lincke-Ufer
Graefestraße
5
Grimmstr.
4
3
6
Dieffenbachstr.
U
Schönleinstraße
Maybachufer
8
1
2
Körtestr.
Kottbusser Damm
Urbanstraße
27
Volkspark Hasenheide
U
Hermannplatz
Sonnenallee
VOLKSPARK HASENHEIDE
Tour 1
Tour 2
Tour 3

1 MONSIEUR IBRAHIM

Wir starten im Graefekiez in meinem Lieblingsfrühstückslokal. Hier bekommen Sie einen hervorragenden Kaffee, köstliche Panini und leckere Zimtschnecken. Die dunkle Wandfarbe strahlt eine große Ruhe aus. Bei schönem Wetter können Sie draußen sitzen. Oder Sie suchen sich einen Platz am Fenster und schauen dem Trubel auf der Straße zu, lesen Zeitung oder blättern in einem Stadtmagazin.

Körtestr. 8, 10967 Berlin

2 ARTE VIDA

Silke Winkler ist Interieurdesignerin und richtet Fincas auf Mallorca ein. In diesem Laden bietet sie Sachen, die das Leben schöner machen. Die Wohnaccessoires etwa spielen mit dem unperfekten, selbst gemachten Used Look. Dazu kombiniert sie Mode, die leicht und unprätentiös ist. Immer wenn ich mit dem Fahrrad hier vorbeiradle, muss ich gleich an Urlaub denken.

Körtestr. 34, 10967 Berlin
www.artevida-berlin.de

Freude
Liebe

3 OFFSTOFF

Wenn Sie gern nähen, sollten Sie diesen kleinen Laden besuchen. Die Auswahl an Stoffen ist sagenhaft und anregend. Schön ist auch, dass man hier geduldig beraten wird. Ein Hingucker ist der Kamin, der die Beschaulichkeit des Ladens unterstreicht. Besonders zu empfehlen sind die Chalk-Paint-Farben, die es nur hier gibt. Mit ihnen geben Sie Ihrem Flohmarktmöbelfund einen neuen Anstrich.

Grimmstr. 20, 10967 Berlin
www.offstoff-online.com

4 SÜPER STORE

„Quality is the key of everything“ ist die Grundidee dieses Ladens. Die Produkte sind ausgewählte Lieblingsstücke von hoher Qualität und besonderem Charme und kommen aus der ganzen Welt. Viele Produkte aus diesem Laden habe ich sonst noch nirgends gesehen. Sie stammen vom Basar in Istanbul, aus einer italienischen Seifenmanufaktur oder aus einer Berliner Blaudruckwerkstatt.

Dieffenbachstr. 12, 10967 Berlin
www.sueper-store.de

5 GOLDMARIE

Lust auf eine kleine Pause? Dann gehen Sie in die Goldmarie. Sie liegt fast direkt an der Admiralbrücke, auf der Sie einen schönen Blick auf den Sonnenuntergang haben. Probieren Sie unbedingt ein Stück Kuchen. Bei schönem Wetter sollten Sie draußen sitzen und sich dem Treiben auf der Straße hingeben, denn dies ist einer der quirligsten Plätze im Graefekiez.
Grimmstr. 29, 10967 Berlin

6 KADÓ

Ein Paradies für Lakritzliebhaber: 500 Sorten in den unterschiedlichsten Geschmacksrichtungen – von Island bis Sizilien! Sie können sich Ihre Mischung zusammenstellen lassen oder in kleinen Metalldosen kaufen. Das breite Sortiment umfasst auch Lakritzgetränke, etwa Grappa oder Salmiakschnaps. Ich habe außerdem schon oft das Lakritzabonnement verschenkt: Jeden Monat wird eine andere Mischung ins Haus geliefert. Was genau? Überraschung!
Graefestr. 20, 10967 Berlin
www.kado.de

Barverkauf
Mark Pfennig
Blumenspenden - Vermittlung
nach allen Erdteilen
Flowers Delivery
to all parts of the world

500
400
300
200
100
IDEAL

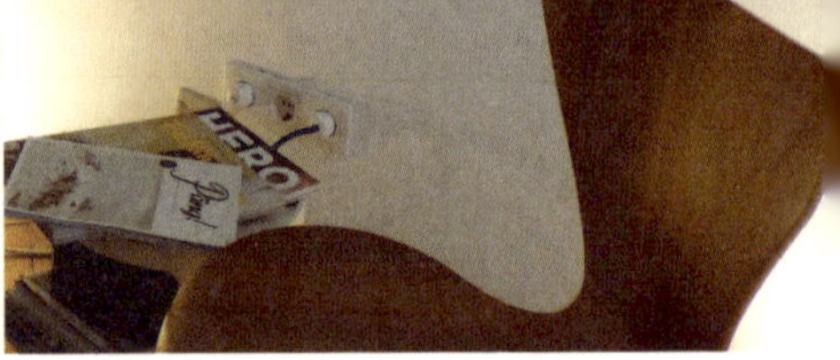

7 GLAMOURY

In der Beletage eines Altbauhauses finden Sie das Beauty-Department von Philipp Hofstetter. Hier können Sie sich nicht nur frisieren lassen, sondern bekommen auf Wunsch auch eine Rundumberatung für Make-up, Kosmetik und Styling. Während Sie warten, können Sie Kaffee auf dem Balkon trinken oder durch den Shop stöbern, der eine großartige Auswahl an Pflegeprodukten und sehr ausgewählten Fashionmarken bietet. Wenn ich hier bin, muss ich aufpassen. Sonst kaufe ich alles, was ich sehe. Achtung: Vereinbaren Sie vorab einen Termin.

Gneisenaustr. 58, 10961 Berlin
www.glamoury.de

8 MÄDCHEN OHNE ABITUR

Eine geheimnisumwobene Entstehungsgeschichte geht diesem besonderen Lokal voraus. Aufgelöst wird sie in der Speisekarte. Die Gerichte lesen sich wie ein Filmkatalog aus den 1950er Jahren, mit klangvollen Namen wie: „Der Tiger von Eschnapur“ oder „... und abends in der Scala“. Mein Lieblingsessen ist das „Große Liebesspiel“, dahinter verbergen sich Königsberger Klopse. Die roten Wände und Perlenlampen erinnern an eine verruchte Rotlichtkneipe. Man kann auch draußen sitzen, das ist aber fast zu schade. Denn drinnen ist es sehr gemütlich!

Körtestr. 5, 10967 Berlin
www.maedchenohneabitur.de

„Auf der Admiralbrücke haben Sie am Abend einen großartigen Blick auf den Sonnenuntergang."

9 MJOT

Dieser Laden im Bergmannkiez ist ein fantastischer und bunter Shop randvoll mit Kinderaccessoires. Eine wahre Fundgrube für Kindermode und Geschenkartikel aus Skandinavien, Schreibwaren aus Korea, Holzspielzeug und vielem mehr. Christiane Orywal verkauft nur das, was ihr selbst gefällt. Diese Sorgfalt macht sich auch in der Gestaltung des Ladens bemerkbar. Alles ist sehr liebevoll dekoriert. Planen Sie genügend Zeit zum Stöbern ein. Dann kommen Sie aber garantiert auch nicht hier raus, ohne etwas gekauft zu haben.

Friesenstr. 5, 10965 Berlin
www.mjot.de

10 ZEHA

Wenn Sie die Friesenstraße ein Stück weitergehen, finden Sie mein Lieblingsschuhlabel. Zeha war eine DDR-Schuhmarke, die ich selbst als Kind getragen habe. Das Ende der DDR bedeutete auch das Ende der Schuhfabrik. Anfang der Neunziger fingen zwei Berliner an, den Schuh ihrer Jugend wieder aufleben zu lassen. Heute gibt es auch Taschen und die Urban-Classic-Linie. Der Laden selbst ist beachtenswert: Die Vintage-Möbel unterstreichen den Charme des Schuhs. Mein Favorit ist übrigens ein schwarzer Turnschuh, den ich mir jedes Jahr gönne.

Friesenstr. 7, 10965 Berlin
www.zeha-berlin.de

11 BOUCHERIE & SÖHNE

Der vor Kurzem eröffnete Laden ist ein Kleinod für Industriedesign und Vintage-Möbel des 20. Jahrhunderts. Simon Boucherie hat früher beim Film als Szenenbildner gearbeitet. Seine Arbeiten kamen so gut an, dass er von Regisseuren und Schauspielern engagiert wurde, ihre Wohnungen einzurichten. Daraus entstand die Idee zu diesem Laden, der als Showroom kaufbare Einrichtungsideen präsentiert. Der Eckladen ist klar und strukturiert eingerichtet. Er besticht durch seine dunklen Wände, die die Objekte in den Vordergrund heben.
Friesenstr. 13, 10965 Berlin
www.boucherie.de

12 SCHWESTERHERZ

Direkt am Marheinekeplatz finden Sie einen meiner weiteren Läden. Hier habe ich Hübsches zum Verschenken und Verpacken zusammengetragen. Sollten Sie zum Beispiel eine besondere Grußkarte suchen, hoffe ich, Sie mit meiner großen Auswahl glücklich zu machen. Stöbern Sie ruhig nach Herzenslust. Wetten, dass Sie Kleinigkeiten finden, die das Leben schöner machen? Etwa einen Elefanten-Türstopper oder Kissen mit Neonprints. Auch Berlin-Souvenirs fernab vom Mainstream erwarten Sie hier. Übrigens: Ich lege großen Wert auf kleine Hersteller.

Schleiermacherstr. 25, 10961 Berlin
www.schwesterherz-berlin.de

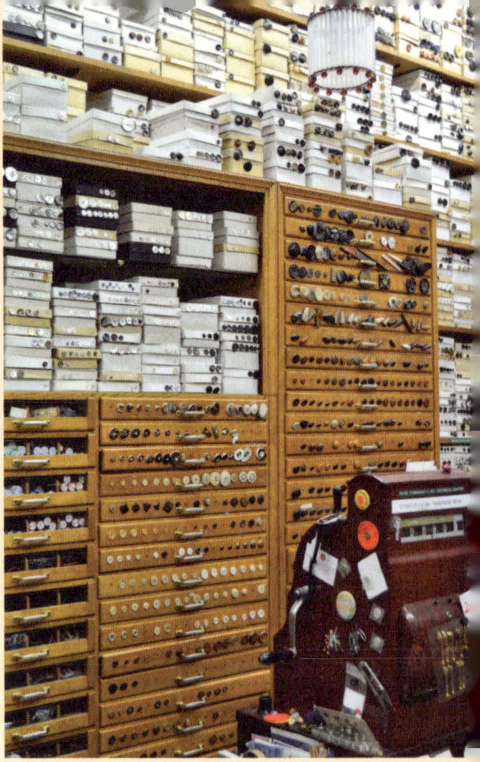

13 PAUL KNOPF

Dieser Laden ist eine Institution in Berlin. Wenn Sie einen Knopf suchen, egal wie groß oder klein, in welcher Farbe oder in welchem Material auch immer, Paul Knopf wird ihn haben. Er wird auch schmunzelnd als Knopfmillionär bezeichnet, denn hier stapeln sich die Kisten bis unter die Decke. Sollte Ihnen also ein Knopf fehlen, kommen Sie hier vorbei. Sie werden glücklich nach Hause fahren.

Zossener Str. 10, 10961 Berlin
www.paulknopf.de

14 RADIO ART

Hier finden Sie eine riesige Auswahl an historischen Rundfunkempfängern. Haben Sie ein defektes Gerät, wird man es Ihnen gern reparieren. Petra leiht sich ab und zu für ihre historischen Filme Radios aus. Ich bin immer wieder begeistert von diesen schönen alten Dingern. Übrigens gibt es auch historische Telefone zu kaufen. Erinnern Sie sich noch an das Gefühl, die Wählscheibe zu bedienen?

Zossener Str. 2, 10961 Berlin
www.radio-art.de

NORDMENDE

RADIO
ART

15 Ø

Nun schlage ich vor, Kreuzberger Pflastersteine zu essen. Kein Scherz, das Ø bezeichnet sein Tatar so, welches in Form von Pflastersteinen auf den Teller kommt. Dies ist eine Anspielung auf die eingangs erwähnten 1.-Mai-Demonstrationen. Aber nicht nur wegen dieser kleinen Anekdote lohnt sich ein Besuch im Ø. Die vielen Möbel im Restaurant erzählen jeweils ihre eigenen Geschichten: Ein Treppengeländer stammt aus der alten Staatsoper, das molekulare Lampensystem aus dem Ex-Bauministerium der DDR, Stühle aus dem Bikini-Gebäude am Zoo.

Mehringdamm 80, 10965 Berlin
www.oeberlin.de

16 FRÄULEIN WILD

Jetzt starten wir die dritte Kreuzberg-Tour – rund um die Oranienstraße. Wir beginnen mit einem Frühstück bei Fräulein Wild. Vielleicht haben Sie Glück und können den Schaukelstuhl ergattern. Mir macht die einladende Wandfarbe richtig gute Laune, sie passt hervorragend zu der Wimpelkette aus Papierkaffeedeckchen und zur Vintage-Deko, die Fräulein Wild als passionierte Sammlerin im Laden verteilt hat. Zum Frühstück empfehle ich die Frühstücksetagere für zwei. Sollten Sie gern vegan essen, werden Sie hier sogar einen Kuchen finden.

Dresdener Str. 13, 10999 Berlin
www.fraeuleinwild.de

weltkola.
yay! BAGELS
mit Gemüse, Rucola und ...
- Chorizo
- Comté
- veganem Aufstrich
3€
mit Frischkäse, Zwiebeln und Lachs
3,50€
fritz-kola.de

17 ARTDOOR-RAUMGESTALTUNG

Hier finden Sie nicht nur Trödel, sondern auch Neues! Das Ganze ist so dekoriert, als würden Sie durch eine übervolle Wohnung gehen: vom Wohnzimmer, zur Küche und zum Bad. Alles, was Sie an Kleinmöbeln und Dekoration sehen, können Sie kaufen. Weihnachten verwandelt sich der Laden in eine riesige Weihnachtsdekolandschaft.

Oranienstr. 169, 10999 Berlin
facebook.com/artdoor.raumgestaltung

18 FARBEN KACZA

Ein paar Häuser weiter befindet sich Farben Kacza. Hier werden Sie begeistert sein von der Auswahl an alten und neuen Tapeten, Farben und Pinseln. Für eine meiner Wände im Laden konnte ich zwischen zehn verschiedenen Goldtönen wählen. Petra kauft gern für ihre Filmproduktionen ein. Kommen Sie nicht zwischen 13 und 14 Uhr, dann ist Mittagspause, eine Seltenheit in Berlin.

Oranienstr. 172/173, 10999 Berlin
www.farben-kacza.de

Farben
Kacza

100g = 2.70€
ULTRAMARINEBLAU
DUNKEL
23.00€
100g = 1.90€ Himmelblau
14.50€
20.00€
100g 1.60€
12.00€
100g 2.40€
HELLBLAU
19.50€
16.00€
SEEGRÜN
15.00€
100g 1.90€
TÜRKIS
100g 2.00€
16.00€

19 DIM – DIE IMAGINÄRE MANUFAKTUR

Wenn Sie die Straße weiter runtergehen, kommen Sie zur „Städtischen Blinden-Anstalt". Das ist heute eine Blindenwerkstatt, in der im traditionellen Handwerk Bürsten hergestellt werden. Im Ladencafé können Sie die hergestellten Produkte, etwa Küchenutensilien, Spielsachen oder Berlin-Souvenirs, erwerben. Die meisten Waren sind von Produktdesignern entworfen worden, wie zum Beispiel die Bürste „Brandenburger Tor". Schenken Sie auch der Einrichtung etwas Beachtung: Die große Vitrine stand hier schon 1927.

Oranienstr. 26, 10999 Berlin
www.dim-berlin.de

Pitball schwarz o. weiss IM005rf 14,50 €
Pitball mix
Housebrush IM211
BERLIN
Berliner Bär gross IM052g
Brandenburger Tor IM051 14,00 €
BERLIN
BERLIN
Brandenburger Tor mit Aufdruck IM051b/s

20 VOO STORE

Sehr urban wirkt dieser Concept-Store. Im Hinterhof finden Sie in einer 300 Quadratmeter großen Fabrikhalle eine Auswahl an Produkten mit dem Schwerpunkt Design. Für den hippen Berliner ist dieser Laden ein Gewinn, denn er findet hier alles, was er braucht – von Streetware bis zu High Fashion, dazu Taschen, Schmuck, Retro-Sonnenbrillen, Fahrräder und vor allem einen anständigen Kaffee. Wenn ich in der Oranienstraße bin, ist es für mich ein Muss, dort reinzuschauen und mich der Atmosphäre hinzugeben, auch wenn es nur auf eine Tasse Kaffee ist.

Oranienstr. 24, 10999 Berlin
www.vooberlin.com

BROADWAY

21 TREIBGUT

Hier habe ich schon so viel gekauft! Alte Stühle, einen riesigen Vitrinenschrank, Hocker und viele Kleinigkeiten. Die Besitzer suchen mit viel Geschmack Vintage-Teile aus den Jahren 1900 bis 1980 aus, die sie dann in ihrem geräumigen Laden präsentieren. Ausgesprochen angenehm finde ich, dass der Laden nie übervoll aussieht, sondern alles immer sehr schön arrangiert wird. Als könnte sofort ein Filmteam einen Sechzigerjahre-Film darin drehen. Da ständig neue Kostbarkeiten und Einzelstücke eintreffen, bin ich hier sehr häufig anzutreffen.

Oranienstr. 53, 10969 Berlin

ww.treibgut-kreuzberg.de

22 MODULOR

Dieses Haus ist ein wahres Paradies für kreative Menschen. Egal, was Sie suchen, hier werden Sie es finden. Die große Vielfalt an Produkten verteilt sich auf mehr als 6000 Quadratmetern: Leinwände, Farben, Pinsel, Stifte, Klammern, große Dekokugeln. Es ist überwältigend, an den prall gefüllten, großen Regalen entlangzuschlendern. Wenn Sie bisher nicht so gern gebastelt haben, dann vielleicht jetzt.
Prinzenstr. 85, 10969 Berlin
www.planetmodulor.de

23 EXTRATAPETE

Im ersten Stock von Modulor finden Sie diesen kleinen Tapetenshop. Hier können Sie aus einer umfangreichen Kollektion originelle Tapeten wählen oder nach Ihren eigenen Vorlagen anfertigen lassen. Es gibt Mustertapeten oder Wandbilder. Ich liebe die Tapete mit der großformatigen Weltkarte. Für Berlin-Besucher gibt es eine drei Meter lange, selbstklebende Berlin-Tapetenborte.
Prinzenstr. 85 a, 10969 Berlin
www.extratapete.de

extratapete

24 OVERKILL

Overkill führt eine riesige Auswahl an Sneakern vieler gängiger Marken und limitierte Modelle. Sie werden an einer spektakulären, großen Wand im Erdgeschoss präsentiert. Auch ein veganer Turnschuh wird hier angeboten. Im Obergeschoss sehen die Verkaufsräume ein bisschen aus wie ein Berliner Wohnzimmer, offene Schränke warten darauf, von Ihnen durchforstet zu werden. Eine große Couch und Sessel laden den Begleiter ein, es sich gemütlich zu machen. Direkt nebenan, im „kleinen Bruder" des Overkill, können Sie Graffiti-Zubehör kaufen.
Köpenicker Str. 195a, 10997 Berlin
www.overkillshop.com

BEASTIN
BEASTIN

25 LONG MARCH CANTEEN

Was für eine wundervolle Inszenierung einer chinesischen Kantine! Wenn Sie an den Holzgitterwänden entlanggehen, durch die eine blaue Neonreklame flackert, ist es, als würden Sie gleich eine Opiumhöhle der 1930er Jahre betreten. Rote Dampfschwaden der Dumpling-Station, die durch den Raum wabern, verstärken diesen Eindruck. Die Speisen sind wie die Rauminszenierung einfach großartig. Ein wenig irritierend ist es, nach dem Besuch der Long March Canteen auf einmal wieder mitten in Kreuzberg zu stehen – und nicht in China.

Wrangelstr. 20, 10997 Berlin
www.longmarchcanteen.com

26 MARKTHALLE NEUN

Dieses Schmuckstück ist eine der wenigen alten Markthallen von Berlin. Derzeit findet freitags und samstags ein Wochenmarkt statt, der qualitativ hochwertige Lebensmittel anbietet. Sind Sie Samstag früh da, empfehle ich Ihnen ein Brioche-Frühstück bei Barbaras Kaffeetafel. Mein Lunch-Tipp: Schauen Sie unbedingt bei Big Stuff Smoked BBQ vorbei. Sie bekommen hier den besten Schweinebauch von ganz Berlin. Am Donnerstagabend wird ein „Street Food Markt“ veranstaltet, bei dem Sie kleine Portionen aus unterschiedlichen Ländern probieren können.

Eisenbahnstr. 42/43, 10997 Berlin
www.markthalleneun.de

SALUMERIA
SÜD

BAR
Water 3
BEER 2
COCKTAILS 6
HOMEMADE LEMONADE 3
1 PFAND ON ALL GLASSES

27 THE CAT'S PAJAMAS HOSTEL

Der hohe Standard des Cat's Pajamas Hostel überrascht. Das Personal ist sehr freundlich, die Atmosphäre angenehm. Das vor Kurzem eröffnete Haus hat eine lange Sanierungsphase hinter sich. Gut, dass die Zeit für außergewöhnliche Ideen genutzt wurde: Alte Türen, die aus Brandschutzgründen entfernt werden mussten, haben ihr zweites Leben als Bettkopfteil gefunden. Computer wurden an alten Schultafeln angebracht. Wenn Sie einmal selbst kochen möchten, lädt dazu die große Gemeinschaftsküche ein.

Urbanstr. 84, 10967 Berlin
www.thecatspajamashostel.com

Antje Taubert

Antje ist waschechte Berlinerin *und aufgewachsen in der Mollstraße am Alexanderplatz mit Blick auf den Fernsehturm. Den größten Teil ihrer Kindheit hat sie dort verbracht. Damals war es allerdings in dieser Gegend noch etwas ruhiger, immerhin ratterte noch keine Straßenbahn quer über den Platz. Gelebt hat Antje immer in Berlin. Irgendwie hat sich das Woanders-Leben nie für sie ergeben. Als Alternative wäre auch nur eine Großstadt im Ausland infrage gekommen. Schon als Teenager war für Antje klar, dass sie Künstlerin werden will. Die Meisterschülerin hat an der Kunsthochschule Weißensee studiert. Ihr wundervolles Atelier befindet sich in einem Kreuzberger Hinterhof.* ***www.antjetaubert.de***

„Der Alexanderplatz und der Fernsehturm. Das ist für mich Heimat."

Was ist für dich typisch Berlin?
Der Alexanderplatz und der Fernsehturm. Das ist für mich Heimat.
Was inspiriert dich an Berlin?
Der Austausch mit internationalen Künstlern. Berlin ist ein Magnet für ausländische Kunstschaffende. Gerade gestern habe ich eine kubanische Künstlerin kennengelernt. Das finde ich bereichernd und inspirierend.
Dein Lieblingsort?
Der schönste Ort ist für mich die ***Neue Nationalgalerie*** am Reichpietschufer. Es ist ein tolles Gebäude mit großartigen Ausstellungen. Da bin ich immer gern.
Das beste Frühstück?
Ich frühstücke gern im ***Manuelas Tapas***. Da esse ich dann Bocadillos mit Manchego. Das Restaurant ist wie ein Wohnzimmer gestaltet, und die Mädels, die dort arbeiten, sind super nett.
www.manuelatapas.com
Dein Shopping-Geheimtipp?
Am liebsten gehe ich in die ***Buchhandlung Walter König*** im ***Hamburger Bahnhof***. Die Buchauswahl zum Thema Kunst und auch zur Kunsttheorie ist sehr gut. Eigentlich gehe ich ja nicht so gern einkaufen, aber diese Buchhandlung finde ich so großartig, dass ich da meistens viel zu viel Geld ausgebe.
Dein Lieblingsrestaurant?
Wir gehen häufig in die ***Osteria Sippi***. Der Besitzer ist Italiener und stammt aus der Emilia-Romagna. Er kocht, was er von seiner Mutter kennt. Das Essen ist großartig und der Wein sehr lecker. Alles ist sehr italienisch, laut und herzlich. Jeden Mittwoch werden italienische Filme gezeigt, und manchmal spielt der Besitzer auch Klavier.
www.sippi-osteria.com
Der beste Ort für einen Drink?
Ich mag gern das ***Bürkner Eck***. Das ist eine richtige Bar mit roten Samtvorhängen, goldenen Wänden, altem Stuck und einer dunklen, düsteren Atmosphäre. Nicht immer kommt man rein. Die Glastür ist nämlich nicht offen – man muss klingeln und wird vom Barpersonal reingelassen.
Wie sehen deine perfekten 24 Stunden in Berlin aus?
Ich würde mit einem leckeren Frühstück im ***Manuelas Tapas*** beginnen. Nach meinem Yogakurs würde ich das ***Monsterkabinett*** besuchen. Das ist ein privates Museum für mechanische Monsterkreaturen, die in einem Kellergewölbe unter dem ***Hackeschen Markt*** stehen. Zu einem perfekten Tag gehört natürlich auch die Arbeit in meinem Atelier in Kreuzberg.
www.monsterkabinett.de

SHOPS
2 *Vintage Galore*
3 *Sing Blackbird*
5 *Capt'n Crop*
6 *Nice!*
8 *Wesen*

ESSEN
10 *Lavanderia Vecchia*

CAFÉ
1 *Katies Blue Cat*
4 *Fräulein Frost*
7 *Two and Two*

BAR
9 *Klunkerkranich*

KUNST & KULTUR
11 *Tempelhofer Flugfeld*

HOTEL
12 *Hüttenpalast*

Neukölln

Wie Berlin vor zwanzig Jahren: kreativ und improvisiert

Das neue In-Viertel *von Berlin heißt „Kreuzkölln", es liegt im Neuköllner Norden und grenzt direkt an Kreuzberg. Hier hat sich eine kleine, teilweise improvisierte Kneipen- und Shoppingszene entwickelt. Es gibt relativ günstige Wohnungen, die dazu noch zentral gelegen sind. Kein Wunder, dass viele ausländische Studenten hergezogen sind. Sehr bekannt ist der BiOrientalmarkt am Maybachufer der dienstags und freitags stattfindet und für sein orientalisches Flair bekannt ist. Viele Geschäfte in diesem Kiez öffnen erst spät.*

1 KATIES BLUE CAT

Hier starten wir mit einem späten Frühstück. An manchen Tagen müssen Sie Geduld mitbringen, um einen Tisch zu ergattern. Wenn Sie gern süß frühstücken, empfehle ich Ihnen die köstlichen Zimtschnecken. Katies Blue Cat ist aber auch bekannt für ihre Milch mit Keksen. Egal, was Sie sich aussuchen, alles ist selbst gemacht und von hoher Qualität. Die Rezepte stammen zum Teil noch von der kanadischen Uroma der Besitzerin.

Friedelstr. 31, 12047 Berlin
www.katiesbluecat.de

2 VINTAGE GALORE

Als kleiner Junge war Erik Zimmermann mit seinen Eltern immer in Dänemark in den Ferien. Das hat ihn wohl so geprägt, dass er angefangen hat, Vintage-Möbel aus dem Skandinavien der Sechziger zu sammeln. In seinem liebevoll dekorierten Laden gibt es eine beeindruckende Auswahl an Lamellenlampen und Teakmöbeln.

Sanderstr. 12, 12047 Berlin
www.vintagegalore.de

3 SING BLACKBIRD

Direkt neben Vintage Galore finden Sie dieses charmante Café mit angeschlossenem Vintage-Fashionstore. Hier wird Kleidung aus den 1970er bis 1990er Jahren angeboten. Kalt gepresste Säfte sind eine Spezialität des Cafés. Man bestellt Daily Dose Juice und bekommt so ungewöhnliche und leckere Kombinationen wie etwa „Rotkohl-Gurke-Apfel" oder „Spinat- Zucchini-Gurke-Koriander".
Sanderstr. 11, 12047 Berlin
www.facebook.com/singblackbird

4 FRÄULEIN FROST

Leider hat Fräulein Frost nur von Frühling bis Herbst geöffnet. Dann sollten Sie unbedingt die großartigen, selbst gemachten Eissorten probieren, etwa Holunderblüten-Prosecco, Ziegenmilch-Erdbeere oder Bananen-Erdnussbutter. Sie können entweder in dem bezaubernden pastelligen Laden auf kleinen Schlitten sitzen oder mit dem Eis in der Hand ein wenig am nahen Ufer des Landwehrkanals spazieren gehen.
Friedelstr. 39, 12047 Berlin

FRÄULEIN
FROST

5 CAPT'N CROP

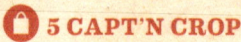

Eine Art Schiffsrumpf mit Galerie hat Moritz Wolfgruber in seine Hutladenwerkstatt eingebaut. Darin wirkt er selbst ein wenig wie Johnny Depp als Jack Sparrow , vor allem wenn er einen seiner eigenwilligen Hüte aufhat. Das Hutmachen hat er sich selbst beigebracht. Er recycelt für seine Hüte gebrauchte Stoffe – so schafft er kleine, individuelle Kunstwerke, die Geschichten erzählen.

Reuterstr. 52, 12047 Berlin
www.captn-crop.com

6 NICE! URBAN FOOTWEAR

In der Nähe des Hermannplatzes liegt dieser noch recht neue Sneaker-Laden. Sie werden ihn sofort an seiner Fassade erkennen – sie wurde aufwändig mit einem Edding bemalt! Die Sneaker stammen von Herstellern, die nachhaltig produzieren. Außerdem gibt es viele Schuhe aus limitierten Editionen. Der Ladenbesitzer Frank ist selbst verrückt nach Sneakern: Er besitzt etwa 100 Paar.

Weserstr. 213, 12047 Berlin
facebook.com/nicefootwear

nice!
URBAN FOOTWEAR

nice!

7 TWO AND TWO

Ich weiß gar nicht, was mir hier besser gefällt: die unglaublich leckeren Cannelés Bordelais oder die großartige Auswahl an japanischen Schreibutensilien. Dieses sympathische Café mit integriertem Schreibwarenshop ist eine Oase in der Pannierstraße. Die französischen Köstlichkeiten sind atemberaubend, und die Schreibutensilien habe ich noch nirgendwo anders in Berlin gesehen. Für mich hat dieser Laden eindeutig einen zweifachen Suchtfaktor.

Pannierstr. 6, 12047 Berlin
www.twoandtwoberlin.com

8 WESEN

Etwas abseits vom Neuköllner Trubel liegt der Showroom der Bekleidungsmarke Format, in dessen Räumen in den 1960er Jahren Süßwaren verkauft wurden. Neben der eigenen Kollektion werden auch andere Fashion-Marken präsentiert. Allerdings nur solche, die Kleidung ökologisch und ethisch korrekt herstellen.

Weserstr. 191, 12045 Berlin
www.wesen-berlin.com

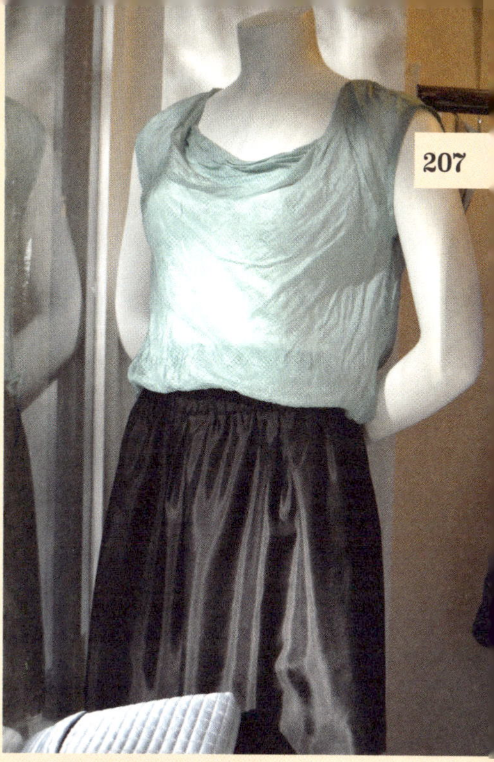

WESEN
11-7

9 KLUNKERKRANICH

Auf einem Parkdeck des Einkaufszentrums Neukölln-Arcaden ist dieser Spielplatz für Jung und Alt entstanden. Mit einem atemberaubenden Blick auf den Fernsehturm können Sie hier frisch gepresste Säfte oder Cocktails trinken. Auf dem 1000 Quadratmeter großen Areal stehen Blumenkästen, deren Ernte in der kleinen Restaurantküche verwendet wird. Musik gibt es auch – von DJs oder live. Ein perfekter Platz für einen lauen Sommerabend. Aber auch im Winter ist es sehr schön: Dann finden Floh- und Weihnachtsmarkt statt.

Karl-Marx-Str. 66, 12043 Berlin
www.klunkerkanich.de

10 LAVANDERIA VECCHIA

Dieses Kleinod der italienischen Kochkunst liegt versteckt, im zweiten Hinterhof in den Räumen einer alten Wäscherei. Wie in einer Großfamilie sitzen Sie in einer geräumigen Küche an langen Tischen zusammen, schauen dem Koch bei seiner Arbeit zu und essen ein großartiges Menü. Sie werden dabei von den hervorragenden Gastgebern umsorgt. Die sehr reichliche Auswahl an Antipasti ist sagenhaft! Aber essen Sie nicht zu viel davon, denn es kommen noch viele weitere köstliche Gänge. Um einen Platz zu ergattern, müssen Sie unbedingt reservieren.
Flughafenstr. 46, 12053 Berlin
www.lavanderiavecchia.de

11 TEMPELHOFER FLUGFELD

Das Freigelände des Tempelhofer Flughafens ist seit seiner Schließung im Jahr 2010 die größte Parkanlage der Stadt. Die Grünflächen, welche durch Start- und Landebahnen geteilt werden, sind eine riesige Spielwiese für Berliner und Touristen geworden. Gut, dass hier Platz für alle ist: Man kann grillen, kiten, skaten, picknicken, radeln, joggen, gärtnern, tanzen, feiern oder einfach nur auf der Wiese herumliegen. Wenn Sie sich für die Geschichte des Tempelhofer Flughafens interessieren, können Sie an einer Führung teilnehmen.

www.tempelhoferfreiheit.de

12 HÜTTENPALAST

In der Halle einer ehemaligen Staubsaugerfabrik finden Sie diese kleine, absurde Campingwelt. Hier können Sie alte Wohnwagen mit so wundervollen Namen wie „Herzensbrecher" oder „Kleine Schwester" mieten. Jeder Campingwagen ist individuell von Künstlern gestaltet worden. Sobald Sie Ihren Wohnwagen verlassen, betreten Sie eine Art heimeliges Wohnzimmer. Gefrühstückt wird auf Campingmöbeln in der Halle oder bei schönem Wetter im Garten. Wer etwas mehr Freiraum braucht, kann auch ein Hotelzimmer im gleichen Gebäude mieten.
Hobrechtstr. 65/66, 12047 Berlin
www.huettenpalast.de

Der Plural von Wohnwagen ist Wohnwagen!

Tolga Klein

Die Eltern von Tolga kamen als Gastarbeiter *in den 1960er Jahren aus der Türkei nach Deutschland. Nach der Schule ging Tolga einige Zeit nach New York, um dort Schauspiel zu studieren. Nach ein paar Jahren hat er gemerkt, dass er dem Druck der Auditions und Castings nicht standhalten konnte und wollte. Deshalb hat er sich umorientiert: Er machte eine Kochausbildung auf einer veganen Kochschule. Nachdem er dem Big Apple den Rücken kehrte, kam für ihn nur Berlin infrage. Zurzeit konzipiert Tolga Menükarten, schreibt Rezepte für Restaurants und veranstaltet Supper-Clubs – nicht nur fleischlos.*
Facebook.com/eatmeinfo

„Berlins Stadtbild ist nicht statisch, sondern immer in Bewegung."

Was ist für dich typisch Berlin?
In New York sind alle darauf gedrillt, sich auf der Straße oder in der U-Bahn aus dem Weg zu gehen. Hier, selbst auf so einer großen Straße wie der Karl-Marx-Allee, kommt es häufig zu Zusammenstößen. Berlin hat keine Choreografie: Die Leute wissen nicht, wie man sich aus dem Weg geht.
Was inspiriert dich an Berlin ?
Dass sich alles in Berlin in einem ständigen Wechsel befindet. Es kann sein, dass ich irgendwo vier Monate nicht vorbeigeradelt bin, und plötzlich steht da ein neues Gebäude. Das Stadtbild ist nicht statisch, sondern immer in Bewegung.
Dein Lieblingsort?
Wenn ich mich einfach nur hinsetzen und tagträumen möchte, ist mein Lieblingsort das *russische Ehrendenkmal* im *Treptower Park*. Diesen Ort finde ich beeindruckend, weil er so monumental ist und es in einer Großstadt so viel Platz für ein Denkmal gibt.
Der beste Ort zum Frühstücken?
Ich gehe sehr gern im *La Femme* frühstücken. Das ist ein türkisches Restaurant mit einer tollen abwechslungsreichen Frühstückskarte mit verschiedenen mediterranen Gerichten.
www.lafemme-berlin.de
Was ist dein Lieblingsrestaurant?
Kochu Karu – ein Koreaner. Die Besitzerin war früher Opernsängerin, und ihr Freund ist Spanier. Die beiden machen koreanische Tapas.
www.kochukaru.de
Dein Shopping-Geheimtipp?
Ich geh am liebsten in den türkischen Lebensmittelgeschäften in Neukölln einkaufen. Die Auswahl an Lebensmitteln ist sehr groß, und ich entdecke immer wieder Neues.
Der beste Ort für einen Drink?
Momentan setze ich mich am liebsten ins *Two and Two* (S. 206). Ich finde es da sehr gemütlich. Das Café ist mit viel Liebe zum Detail eingerichtet. Selbst die Toilette ist ein Highlight. Sie ist so konzipiert, dass dort Bilder hängen, die so lächerlich sind, dass man lachen muss.
Wie sehen deine perfekten 24 Stunden in Berlin aus?
Mein perfekter Tag würde nach langem Ausschlafen mit einem russischen Frühstück in der *Datscha* oder im *La Femme* beginnen. Zu solch einem Tag gehört unbedingt auch ein Spaziergang *am Kanal* oder im *Treptower Park*. Am Abend esse ich dann im *Midtown Grill*. Da bekommt man ein richtig tolles Steak.
www.cafe-datscha.de
www.midtown-grill.de

SHOPS
2 14 oz.
3 Chelsea Farmer´s Club
4 P&T
5 Bücherbogen
6 C. Adolph
7 Glasklar
8 Manufactum
CAFÉ
1 Café im Literaturhaus
KUNST & KULTUR
9 Astor Filmlounge
HOTEL
10 Pension Funk
Spree
Marchstraße
Tiergarten
ERNST-REUTER-PLATZ
Straße des 17. Juni
Fasanenstraße
Knesebeckstr.
Hardenbergstraße
Leibnizstraße
Schlüterstraße
Zoologischer Garten
ZOO
Kantstraße
SAVIGNYPLATZ
Stadtbahnbogen
(unter den Gleisen)
Savignyplatz
KAISER-WILHELM-GEDÄCHTNIS-KIRCHE
Kurfürstendamm
Bleibtreustr.
Mommsenstraße
Uhlandstraße
Kurfürstendamm
Schlüterstraße
Joachimstaler Straße
Lietzenburger Straße
OLIVAER PLATZ
Pariser Str.
Uhlandstraße
Fasanenstraße
Spichernstraße

Charlotten-burg

„Ich hab so Heimweh nach dem Kurfürstendamm."

Hildegard Knef

Das glamouröse Charlottenburg *ist nach der Wende in einen Dornröschenschlaf gefallen. Ich habe den Kurfürstendamm eine Nacht nach dem Mauerfall kennengelernt. Es war so voll, dass man das Gefühl hatte, alle DDR-Bürger seien dort unterwegs. Der Ku'damm war eben das Sinnbild für westdeutschen Konsum. Erst seit Kurzem scheint der Bezirk wieder lebendiger zu werden – das sieht man an den spannenden neuen Läden. Leider wird das Bikini-Haus an der Gedächtniskirche erst nach dem Erscheinen dieses Buchs eröffnet, es verspricht, ein toller Ort zu werden.*

1 CAFÉ IM LITERATURHAUS

Bevor wir unsere Shoppingtour beginnen, starten wir mit einem Frühstück in einer Institution des Bezirks. Hier haben Sie die Möglichkeit, bei schönem Wetter im denkmalgeschützten Garten zu sitzen oder im Wintergarten der Gründerzeitvilla. In dieser Atmosphäre vergisst man, dass um die Ecke der Verkehr auf dem Kurfürstendamm vorbeisaust.
Fasanenstr. 23,10719 Berlin
www.literaturhaus-berlin.de

2 14 OZ.

Die Einrichtung in diesem 14-oz.-Store ist absolut fantastisch. In die Räume des alten Luxushotels Cumberlandhaus wurde eine Wiener Bibliothek eingebaut. Als gehörte die Einrichtung schon immer hierher, passt sie sich dem sieben Meter hohen Raum mit seinem Kreuzgewölbe hervorragend an. Die großen Lampen sind Neuanfertigungen, die an historische Filmscheinwerfer erinnern sollen.
Kurfürstendamm 194, 10707 Berlin
www.14oz-berlin.com

3 CHELSEA FARMER'S CLUB

Im Chelsea Farmer's Club wird die Welt als ein wunderbarer Gestaltungsort gesehen. Dazu gehören selbstverständlich erstklassige britische Bekleidungsartikel und Accessoires. Angefangen hat der Chelsea Farmer's Club als Party im gehobenen Beatclubstil. Die Mitglieder kamen in Smoking und Cocktailkleid. Doch die Garderobe war in Berlin kaum zu bekommen. Deshalb wurde dieser Laden gegründet. Neben wundervollen Anzügen zieren Ratschläge die Wände: „Kaufe bevorzugt regional für die Küche und britisch für die Garderobe".

Schlüterstr. 50, 10629 Berlin
www.chelseafarmersclub.de

4 P&T

Welches ist Ihre Lieblingsteesorte? Wissen Sie nicht? Dann gehen Sie doch mal in diesen puristischen Shop, der in Weiß- und Grautönen gehalten ist. Hier können Sie Tee im Gong-Fu-Stil probieren. In kleinen ausziehbaren Schubladen werden Teeblätter in Schalen präsentiert und Informationen zu den einzelnen Sorten gereicht. Ebenso gibt es schöne Accessoires wie Teekannen und -tassen. Mein Favorit ist eine kleine Teedose aus Natsumeholz. Neben dem Teesortiment führt P&T auch eine kleine Papeterie-Linie – mit puristischen Grußkarten.

Bleibtreustr. 4, 10623 Berlin
www.paperandtea.com

5 BÜCHERBOGEN

Wer den Bücherbogen einmal betreten hat, kommt so schnell nicht wieder heraus. Es ist, als ob man hineingesogen würde – von einem Raum in den anderen. Und – schwups – hat man 15 Bücher gekauft, der Geldbeutel ist leer, das Glück aber groß. So jedenfalls geht es mir in dieser Buchhandlung. Die Räume befinden sich direkt unter der S-Bahn und sind angefüllt mit einer großen Auswahl an Architektur-, Design- und Fotografiebüchern. Die Beratung ist hervorragend!

Stadtbahnbogen 593, 10623 Berlin
www.buecherbogen.com

6 C. ADOLPH

Eigentlich ist man als Tourist nicht so sehr an Eisenwaren interessiert, aber diesen Laden muss ich Ihnen dennoch empfehlen. Allein schon wegen des riesigen Schranks, der seit 1898 im Laden steht und dessen unzählige Schubladen mit allen erdenklichen Dingen der Eisenwarenwelt gefüllt sind. Gern wird Ihnen geduldig jedes einzelne Teil erklärt.

Savignyplatz 3, 10623 Berlin

Schutzpuffer
selbstklebend
Schutzpuffer
selbstklebend

EisenWaren

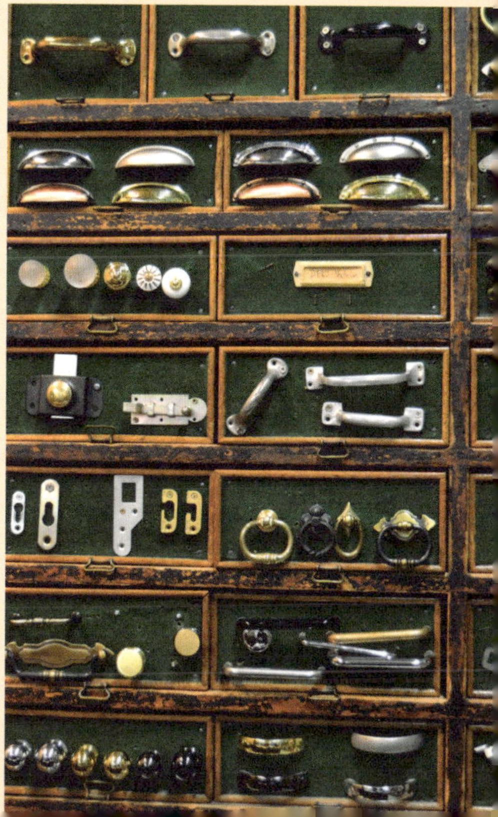

7 GLASKLAR

Hier finden Sie eine beeindruckende Auswahl an Glasprodukten: winzige Salzstreuer neben großen Zuckerstreuern, Teekannen, Weingläsern und Karaffen sowie großen Bodenvasen. Ein häufig verkaufter Artikel ist ein kleines Wasserglas zum Espresso. Mein Lieblingsprodukt ist der Bauhaus-Eierkocher – ein echter Klassiker!

Knesebeckstr. 13, 10623 Berlin

8 MANUFACTUM

Bei Manufactum finden Sie auf zwei Etagen klassische, solide und schlichte Produkte, die langlebig, reparierbar und umweltverträglich sind. Angefangen von Küchenaccessoires, Schreibutensilien über Kleidung bis hin zu Gartengeräten und Möbeln. Ich habe hier schon einige Bakelit-Lichtschalter gekauft, da ich die modernen überhaupt nicht mag. Schön sind auch die Schultafel aus Schiefer mit Liniatur und die Werkzeugtasche aus dunklem Leder, die beim Verschließen zusammengerollt wird.

Hardenbergstr. 4–5, 10623 Berlin
www.manufactum.de

Die hautverträgliche und umweltgerechte Lösung für 1000 Zwecke!
BALLISTOL
Universalöl
altbewährt und unerreicht
Schmiert hautfreundlich
Reinigt umweltschonend
Pflegt biologisch abbaubar
Rostschutz ohne Verharzen
Öl
500 ml

9 ASTOR FILMLOUNGE

Ich liebe dieses Premiumkino. Auf einem roten Teppich flanieren Sie ins Foyer, nachdem Sie Ihren Autoschlüssel abgegeben haben (Das Auto wird für Sie geparkt!). Begrüßt werden Sie mit einem Aperitif. Was für ein Luxus: Im Kino werden Sie am Platz bedient. Jetzt können Sie es sich so richtig gemütlich machen. Die Füße auf einem Hocker ablegen und im Liegen den Film mit einem Glas Champagner genießen. Besonders zu empfehlen sind die Sonntagsmatinees: Es werden Filmklassiker gezeigt, etwa „Der Pate" oder „My Fair Lady".

Kurfürstendamm 225, 10719 Berlin
www.berlin.astor-filmlounge.de

*„Das glamouröse
Charlottenburg ist nach
der Wende in einen
Dornröschenschlaf gefallen.“*

10 PENSION FUNK

In der Beletage dieses Gründerzeithauses in der Fasanenstraße wohnte einst die dänische Stummfilmdiva Asta Nielsen. Nach dem Krieg hat dort eine kleine Pension mit 14 Zimmern eröffnet. Alle Räume sind mit dem Original-Interieur der Diva ausgestattet, ergänzt mit Möbeln des Jugendstils. Überall an den Wänden hängen Bilder und Filmplakate von Asta Nielsen, die die Goldenen Zwanziger in den Räumen aufleben lassen. Auch schön: Die neueste Errungenschaft des jetzigen Besitzers Michael Pfundt – das selbst spielende Pianola im Frühstücksraum.

Fasanenstr. 69, 10719 Berlin
www.hotel-pensionfunk.de

Sebastian Scherer

Sebastian hat vor zehn Jahren Aachen verlassen *und wurde direkt nach seinem Interieurdesignstudium in Berlin engagiert. Dieser Job war dann aber seine einzige Festanstellung. Danach arbeitete er als freiberuflicher Interieurdesigner für verschiedene Agenturen. Seit 2010 entwirft Sebastian eigene Möbel, die schon einige Male prämiert wurden. Eigentlich wollte er seine Entwürfe an Produzenten verkaufen. Da er aber niemanden finden konnte, der seine Möbel herstellen wollte, produziert er heute unter eigenem Label selbst. Seit Kurzem sind seine Möbel auch in Designeinrichtungshäusern in den USA erhältlich. Am bekanntesten ist seine Lampe „Diamond", die unter anderem auch im Ladengeschäft von Visby im Friedrichshain hängt.* ***www.sebastianscherer.com***

„Berlin ist zu schön, um hässlich zu sein, aber zu hässlich, um schön zu sein."

Was ist für dich typisch Berlin?
Berlin ist zu schön, um hässlich zu sein, aber zu hässlich, um schön zu sein. Irgendwie trifft es das für mich. Berlin ist eine komische Mischung. Man hasst es – und man liebt es gleichzeitig.

Was inspiriert dich an Berlin?
Berlin steht in einem Spannungsfeld zwischen Entstehen und Veränderung, gerade durch die vielen Zugezogenen. Ich finde es toll, die Möglichkeit zu haben, diese Veränderung begleiten zu können. Trotz Weltstadtcharakter hat Berlin Kleinstadt-Feeling in seinen heimeligen Kiezen.

Dein Lieblingsort?
Ich mag meinen Arbeitsplatz in meiner Bürogemeinschaft in der Schönhauser Allee sehr gern. Das Haus, in dem sich mein Büro befindet, ist das schönste, das ich in ganz Berlin kenne – mit einem tollen Hinterhof. Obwohl das Haus alt ist, ist es noch nicht der Sanierungswut zum Opfer gefallen.

Das beste Frühstück?
Ich bin gern in *The Barn* (S. 40). Wenn die Sonne scheint, sitze ich draußen und trinke in Ruhe meinen Kaffee.

Dein Shopping-Geheimtipp?
Ich koche total gern und gehe dafür im *Frischeparadies Lindenberg* einkaufen. Die Auswahl an Lebensmitteln ist riesig und sehr besonders. Allein die Auswahl an Knoblauch ist überwältigend.
www.frischeparadies.de

Der beste Ort für einen Drink?
Ich bin zurzeit sehr gern im *Saint Jean*. Das ist eine Bar im Souterrain, die sehr dunkel gehalten und schön eingerichtet ist.
facebook.com/barsaintjean

Wie sehen deine perfekten 24 Stunden in Berlin aus?
Ich mag die Stadt, aber wenn wir Zeit haben, fahren wir gern raus ins Umland. Dort spannen wir aus. Berlin ist umgeben von toller Natur und schönen Seen. Im Sommer fahren wir zum Baden, im Winter gehen wir nach einem Spaziergang gern noch essen. Es gibt draußen in Brandenburg einige großartige Restaurants. Mein Favorit ist zurzeit der *Gasthof Tenzo* in Triepkendorf.
www.tenzo-gasthof.de

SHOPS
2 Hobbyshop Rüther
4 UVR
6 Mimi
7 Deko Behrendt
ESSEN
8 To Beef or not to Beef
CAFÉ
1 Winterfeldt Schokoladen
3 Sorgenfrei
5 Mamsell
WINTERFELDTPLATZ
Winterfeldtstraße
Pallasstraße
Kyffhäuserstraße
Gleditschstraße
Barbarossastraße
Goltzstraße
Elßholzstraße
HEINRICH-VON-KLEIST-PARK
Potsdamer Straße
Kleistpark
Grunewaldstraße
Eisenacher Straße
Eisenacher Straße
Hauptstraße
Akazienstraße
Belziger Straße
Kolonnenstr.
Julius-Leber-Brücke
1
3
2
4
6
5
7
8

Schöneberg

„Ich bin, Gott sei Dank, Berlinerin.“

Marlene Dietrich

Schöneberg kann *mit einer Reihe berühmter Bewohner aufwarten: Marlene Dietrich ist hier geboren, und David Bowie verbrachte seine Berliner Jahre in diesem Kiez. Mittlerweile ist es etwas ruhiger geworden. Wir beginnen unsere Tour am Winterfeldtplatz, hier findet am Samstag Berlins größter Wochenmarkt statt. Freuen Sie sich auf viele hübsche Cafés und außergewöhnliche Läden. Da wir in diesem Buch nur eine kleine Auswahl vorstellen können, werden Sie auf Ihrer Route noch einiges selbst entdecken. Planen Sie ruhig etwas mehr Zeit zum Bummeln ein.*

1 WINTERFELDT SCHOKOLADEN

Wir starten unseren Tag in Schöneberg in einer denkmalgeschützten Apotheke aus dem Jahr 1892. Hier können Sie einen ersten Kaffee trinken und sich die große Auswahl an Schokoladen aus der ganzen Welt zeigen lassen. Die vielen Fächer, Schränkchen und Schubladen der Apotheke eignen sich hervorragend zum Stöbern.

Goltzstr. 23, 10781 Berlin
www.winterfeldt-schokoladen.de

2 HOBBYSHOP RÜTHER

Schon seit mehr als 40 Jahren ist Hobbyshop Rüther in Schöneberg ansässig. Ursprünglich konnte man hier vor allem Schreibwaren kaufen. Doch die Nachfrage nach Bastelmaterial wurde immer größer, sodass das Sortiment stetig erweitert wurde. Egal, was Sie gerade basteln wollen – ob Weihnachtsschmuck oder eine Papierlaterne –, alle Materialien bekommen Sie hier. Toll ist außerdem, dass Sie noch gut beraten werden.

Goltzstr. 37, 10781 Berlin
www.hobbyshop.de

3 SORGENFREI

Pudelstofftier kaufen oder einen Windbeutel essen? Das ist die Frage, die sich in diesem kauzigen Ladencafé stellt. Beides macht Spaß, denn man fühlt sich hier in die 1950er Jahre zurückversetzt. Vielleicht machen Sie sich bei einem Milchmixgetränk auf die Suche nach Ihrem perfekten Fünfzigerjahre-Accessoire? Wenn Sie fündig geworden sind, gibt es zur Belohnung ein Toast Hawaii. Übrigens: Ich habe mich bisher immer für das Kaufen entschieden: etwa für einen Kranich aus Teak oder ein Zahlteller mit Pudel, der jetzt in meinem Laden steht.

Goltzstr. 18, 10781 Berlin
www.sorgenfrei-in-berlin.de

Sorgenfrei
Kaffeestube nebst Antikem der 50er & 60er Jahre

Sorgenfrei

4 UVR

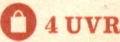

UVR ist ein Berliner Label für schöne und schlichte Damen- und Herrenmode, die im Berliner Umland gefertigt wird. Ich mag die einfachen Röcke mit den aufgesetzten Taschen, davon besitze ich bereits eine große Anzahl. Neben der eigenen Kollektion hat der Shop noch einige europäische Fashion-Marken im Sortiment, ebenso Accessoires wie Taschen und Mützen.
Goltzstr. 40 a, 10781 Berlin
www.uvrconnected.de

5 MAMSELL

Sollten Sie Lust auf eine Tasse Kakao mit selbst gemachtem Kuchen verspüren, brauchen Sie nur die Straße ein Stück weiterzugehen. Das Mamsell ist ein helles und freundliches Café. Aber nicht nur das: Im hinteren Teil gibt es noch einen kleinen, randvollen Shoppingraum, dort können Sie französische und skandinavische Wohnaccessoires erstehen. Besonders toll finde ich den heimeligen Kachelofen, um den sich die Produkte stapeln.
Goltzstr. 48, 10781 Berlin
www.mamsellberlin.de

Tartufo nero
al torrone

6 MIMI

Dieser Laden ist wie eine kleine Zeitreise. Neben textilen Antiquitäten aus den Jahren 1850 bis 1950 werden auch Hutschachteln, Federkopfschmuck und Fächer angeboten. Alles, was Sie brauchen, um sich wie eine Grande Dame für einen Ball einzukleiden. Auch für die Herren gibt es allerlei zu entdecken – von Manschettenknöpfen bis zu Hosenträgern. In dem liebevoll dekorierten Laden müssen Sie aber nicht gleich kaufen, sondern können auch erst einmal leihen. Das wird auch von vielen Hollywoodproduktionen genutzt, die in Berlin gedreht werden.
Goltzstr. 5, 10781 Berlin
www.mimi-berlin.de

Ich hab noch
GERMANIA
AROSA

7 DEKO BEHRENDT

Deko Behrendt ist ein Kleinod – für alle, die gern dekorieren, sich verkleiden oder Scherzartikel lieben. Wetten, dass Sie bei der riesigen Auswahl mehr finden, als Sie eigentlich kaufen wollten? Egal, ob Sie etwas für einen Geburtstag suchen oder ein lustiges Faschingskostüm. Wenn ich in diesen Laden reingehe und eigentlich nur einen Luftballon kaufen will, bleibe ich mindestens eine Stunde. Übrigens: Lassen Sie sich nicht von der kleinen Schaufensterfassade täuschen. Der Laden ist größer als gedacht und ein wahres Wunderland!
Hauptstr. 18, 10827 Berlin
www.dekobehrendt-berlin.de

„Berlin, dein Gesicht hat Sommersprossen."
Hildegard Knef

8 TO BEEF OR NOT TO BEEF

Ich liebe Fleisch, besonders wenn es so gut schmeckt wie in diesem Lokal. Das Fleisch kommt direkt aus der Toskana. Und es wird zudem ganz italienisch zubereitet. Wenn Sie sich nicht für ein Gericht entscheiden können, empfehle ich Ihnen das Steak Fiorentina, es ist absolut köstlich. Wer lieber einen Burger isst, kommt hier auch voll auf seine Kosten. Besonders liebevoll ist die Speisekarte gestaltet – sie ist in ein kleines, altes Buch eingelegt. Wundern Sie sich also nicht, wenn der Kellner Ihnen die „Bibliothek der Unterhaltung" reicht.

Akazienstr. 3, 10823 Berlin
www.tobeefornottobeef.de

Weine - Likör
der Hermann Meyer
& Co. A

Lola Güldenberg

Lola Güldenberg hatte eigentlich einen Job *für zwei Jahre in New York. Dann kam ein interessantes Angebot aus Berlin – und so kehrte Lola nach nur fünf Monaten USA nach Deutschland zurück. Leider ging die Firma dann aber schnell bankrott. Die Chance für Lola! Sie gründete ihre eigene Agentur für Trendforschung. Mittlerweile berät sie internationale Unternehmen. Ihr Büro in Charlottenburg ist gleichzeitig ein Trendshop, in dem sie sich unter anderem mit Konzepten für Urban Gardening beschäftigt. Lola Güldenberg liebt Berlin und könnte sich nicht vorstellen, in einer anderen Stadt in Deutschland zu leben. Sie plant aber, irgendwann mit ihrer Familie etwas weiter rauszuziehen, in ein Haus mit Garten.* ***www.lola-gueldenberg.de***

„Die 24-Stunden-Spätikultur ist typisch Berlin."

Was ist für dich typisch Berlin?
Die Gegensätze! Besonders in der Architektur, wenn man von einem Viertel zum anderen fährt. Kreuzberg sieht so ganz anders aus als Mitte oder Schöneberg. Diese Kieze sind alle ganz eigen. Auch die 24-Stunden-Spätikultur ist für mich typisch Berlin. Das ist unglaublich: In der Nacht sind die Spätis super lebendig und haben ihre eigene Subkultur.

Was inspiriert dich an Berlin?
Die hervorragenden Ausstellungen direkt vor der Haustür. Hier gibt es etwa 360 Galerien. Ich habe leider wenig Zeit, aber wenn ich mir die mal nehme, mache ich eine richtige Tour durch die Galerien – kompakt und dicht! Das geht nur in Berlin.

Dein Lieblingsort?
Besonders mag ich den ***Freischwimmer*** an der Oberbaumbrücke. Da bin ich das erste Mal in Berlin ausgegangen. Eine Lesung auf einem Floß an einem Spätsommertag. Das war wundervoll. Ein weiterer sehr besonderer Ort ist für mich die ***C-Base***, das ist eines der ältesten Hackerzentren in Deutschland. Die Räume sehen aus wie die in einem Raumschiff, liegen aber unter der Erde. Es ist dort dunkel, überall hängen Kabel, und es leuchten kleine Lichtchen.

www.freischwimmer-berlin.com
www.c-base.org

Dein Shopping-Geheimtipp?
Im ***Dong Xuan Center*** in Berlin-Lichtenberg fühle ich mich in meine Studienzeiten in Hongkong zurückversetzt. Hier werden in sechs großen Hallen unglaublich viele verschiedene vietnamesische Produkte angeboten. Es ist, als würde man plötzlich in Asien sein, die Gerüche und Farben sind beeindruckend.
www.dongxuan-berlin.de

Dein Lieblingsrestaurant?
Ich liebe Sushi. Mein Lieblingsrestaurant ist ***Flying Fish Sushi*** bei mir direkt vor der Tür. Es ist etwas spartanisch eingerichtet, aber die Qualität ist hervorragend.
www.flying-fish-sushi.de

Wie sehen deine perfekten 24 Stunden in Berlin aus?
Auf alle Fälle würde ich zwei Stunden in meinem Schrebergarten in Schöneberg buddeln. Dann würde ich mir eine Massage mit heißen Jadesteinen gönnen. Ganz tiefenentspannt schaue ich dann Kunst an, vielleicht in der ***Neuen Nationalgalerie***. Danach geht es ins Kino. Ich liebe das ***Kino Odeon***, das ist ein wenig heruntergekommen, aber sehr sympathisch.
www.neue-nationalgalerie.de
www.odeon-kino.de

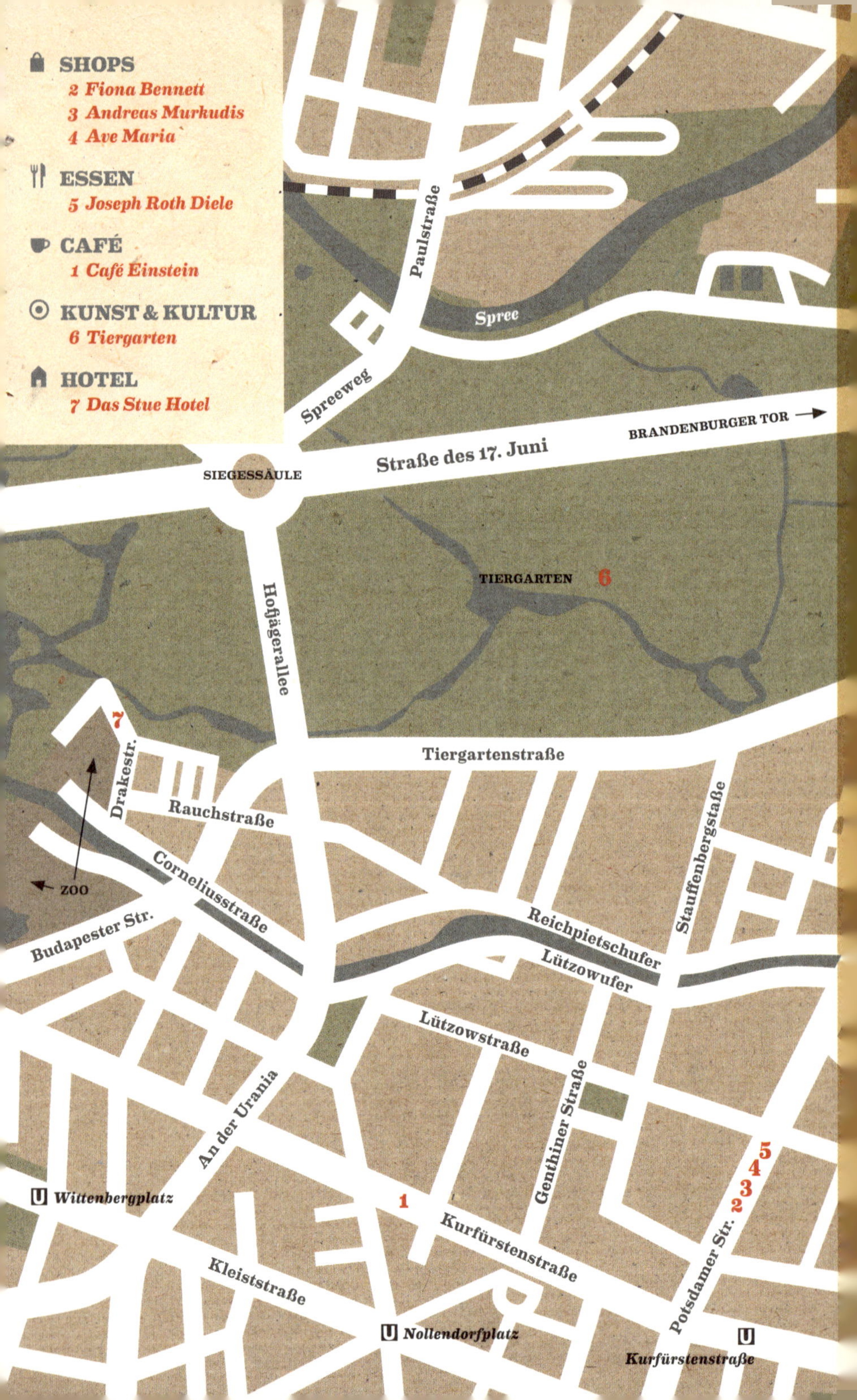
SHOPS
2 Fiona Bennett
3 Andreas Murkudis
4 Ave Maria
ESSEN
5 Joseph Roth Diele
CAFÉ
1 Café Einstein
KUNST & KULTUR
6 Tiergarten
HOTEL
7 Das Stue Hotel
Paulstraße
Spree
Spreeweg
BRANDENBURGER TOR
Straße des 17. Juni
SIEGESSÄULE
TIERGARTEN 6
Hofjägerallee
7
Drakestr.
Tiergartenstraße
Rauchstraße
Stauffenbergstaße
ZOO
Corneliusstraße
Budapester Str.
Reichpietschufer
Lützowufer
Lützowstraße
Genthiner Straße
An der Urania
5
4
3
2
Wittenbergplatz
1
Kurfürstenstraße
Potsdamer Str.
Kleiststraße
Nollendorfplatz
Kurfürstenstraße

Tiergarten

Abseits des Potsdamer Platzes wird die alte Schmuddelmeile Potsdamer Straße schick

***Der Bezirk Tiergarten** beherbergt großartige Sehenswürdigkeiten wie den Berliner Zoo, die Philharmonie, die von Mies van der Rohe erbaute Neue Nationalgalerie, den Park Großer Tiergarten mit der Siegessäule und vieles mehr. Bis Ende der 1980er Jahre gehörten Teile der Potsdamer Straße – von den Berlinern kurz „Potse" genannt – zu einem Rotlichtviertel. Seitdem entwickelt sie sich jenseits der Shoppingcenter am Potsdamer Platz zu einer kleinen, sehr interessanten Einkaufsstraße für Designliebhaber.*

1 CAFÉ EINSTEIN

Mit Wiener Charme in einem der besten Kaffeehäuser der Stadt starten wir heute in den Tag. Das Café Einstein finden Sie in einer prächtigen Villa mit herrlichem Garten, wo man seinen Kaffee auf einem silbernen Tablett an seinen Marmortisch serviert bekommt. Das Café ist bekannt für seine illustren Gäste. Kein Wunder, ist doch gleich nebenan eine namhafte Filmproduktion ansässig.

Kurfürstenstr. 58, 10785 Berlin
www.cafeeinstein.com

2 FIONA BENNETT

Bevor Sie den Laden betreten, schauen Sie zunächst einmal durch das große Schaufenster. Ich mag die Inszenierung, in der die Modistinnen dem Betrachter zugewandt an ihren Tischen arbeiten. Herrlich altmodisch ist das Outfit der Angestellten, die eine große schwarze Schleife um den Hals tragen. Neben den sehr aufwendigen Hüten gibt es auch Basic-Modelle zum kleinen Preis.

Potsdamer Str. 81–83, 10785 Berlin
www.fionabennett.com

3 ANDREAS MURKUDIS

Der fast 1000 Quadratmeter große Store befindet sich im Hinterhof in der ehemaligen Druckerei einer Berliner Tageszeitung. Als in diesen Räumen noch riesige Druckerwalzen standen, waren die Wände schwarz von der Druckerfarbe. Heute erinnern die sieben Meter hohen Wände an einen White Cube, in dem Luxuswaren angeboten werden. Sie finden hier eine große Auswahl an hochwertiger Kleidung, Accessoires und Einrichtungsgegenständen. Hinter jedem sorgfältig ausgewählten Produkt steckt eine Geschichte, die Ihnen gern erzählt wird.

Potsdamer Str. 81e, 10785 Berlin
www.andreasmurkudis.com

4 AVE MARIA

Hier gibt es für jedes Problem einen Heiligen. Besitzerin Ulrike Schuster ist Ihnen bei der Suche gern behilflich. Ob Liebeskummer oder Prüfungsangst, das zeitgenössische Christenherz findet in diesem sehr gut sortierten Devotionalienhandel alles, was es braucht: Rosenkränze, Statuen, Weihrauch und religiöse Literatur. Auch für weniger gottesfürchtige Menschen ist der Laden sehenswert.
Potsdamer Str. 75, 10785 Berlin
www.avemaria.de

5 JOSEPH ROTH DIELE

Direkt neben dem Ave Maria können Sie in einer Lesestube zum Mittag einkehren. In dem traditionellen, aber sehr besonderen Ambiente können Sie entweder eine klassisch belegte Stulle oder eines der Tagesgerichte essen. Namensgeber Joseph Roth war ein österreichischer Schriftsteller, der in der Potsdamer Straße gelebt und gearbeitet hat. Textauszüge seiner Romane zieren die Wände.
Potsdamer Str. 75, 10785 Berlin
www.joseph-roth-diele.de

DER TAGESSPIEGEL

6 TIERGARTEN

Wie eine grüne Insel wirkt Berlins zweitgrößte Parkanlage rund um die Siegessäule. Den Tiergarten komplett zu erkunden dauert sicherlich mehrere Tage. Ich habe erst vor Kurzem das Freilichtlaternenmuseum entdeckt, das Laternen aus der ganzen Welt zeigt. Im südlichen Teil, am Neuen See, befindet sich ein Biergarten mit Bootsverleih, der im Winter Eisstockschießen anbietet. Ein Pflichtbesuch für mich führt zu den Dutzend frei lebenden Schildkröten, die sich im Tiergartengewässer aufhalten und nicht etwa im Berliner Zoo.

Großer Stern,
entlang der Straße des 17. Juni

Bootssteg!

7 DAS STUE HOTEL

Eines der außergewöhnlichsten Hotels von Berlin ist für mich das Stue Hotel. In dem 1939 erbauten Gebäude der ehemaligen dänischen Botschaft wurde in direkter Nachbarschaft zum Zoo ein luxuriöses Boutique-Hotel eingerichtet. Die spanische Designerin und Architektin Patricia Urquiola ließ sich beim Umbau des Hauses vom angrenzenden Afrika-Gehege inspirieren. Viele Zimmer haben Ausblick auf Antilopen und Strauße, durch die großzügigen Fensterfronten können Sie ihnen vom Bett aus zuschauen. Sehr zu empfehlen ist auch das Restaurant Cinco.

Drakestr. 1, 10787 Berlin
www.das-stue.com

Alexander Bickenbach

Alexander Bickenbach ist nach seinem Studium *an der Filmakademie Ludwigsburg nach Berlin gekommen. Gleich sein erstes Filmprojekt beschäftigte sich intensiv mit der Stadt und ihren Bewohnern. Herausgekommen ist der viel beachtete Kinofilm „Berlin 1. Mai", der teils während der Demonstrationen in Berlin-Kreuzberg gedreht wurde. Die Vorbereitung war für Bickenbach eine prägende Erfahrung, bei der er tief in die Kieze und Milieus seiner neuen Heimatstadt eingetaucht ist. Mittlerweile sitzt seine Filmproduktion Frisbeefilms in der Mulackstraße in Berlin-Mitte. Bickenbach, der seine Firma zusammen mit seinem Bruder führt, hat seither weitere erfolgreiche Kinofilme produziert und wurde mit zahlreichen Preisen ausgezeichnet.* ***frisbeefilms.com***

„Berlin ist so schön unaufgeregt."

Was ist für dich typisch Berlin?
Die Berliner sind so bei sich. Schickeria und Chichi spielen keine Rolle. Berlin ist so schön unaufgeregt. Die Leute lassen die Stadt und die Stadt lässt die Leute leben.

Was inspiriert dich an Berlin?
Die Menschen und was sie tun. Als Filmemacher inspiriert mich, dass viele verschiedene Szenen mit einem offenen Kulturverständnis aufeinandertreffen: zum Beispiel an Theatern wie der ***Schaubühne*** und der ***Volksbühne***, in den Kunstgalerien, auf Konzerten oder im Berliner Nachtleben. Aus diesem großen kreativen Universum geht eine unwiderstehliche Energie hervor.

Dein Lieblingsort?
Mein Wohnzimmer, Alte Schönhauser Straße, von dem aus ich auf den ***Fernsehturm*** schauen kann. Ich mag den stillgelegten ***Freizeitpark im Plänterwald*** in Treptow-Köpenick. Dort sieht man, wie sich die Natur ihren Platz zurückerobert.
www.berliner-spreepark.de

Dein Shopping-Geheimtipp?
Das ***Soto*** in der Torstraße (S. 44). Der Shop verkörpert den totalen Berlin-Chic und verbindet Popkultur mit Glam, Punk und Musik. Besonders abgefahren finde ich das ***Twinkind***, wo man ein naturgetreues Miniaturmodell von sich selbst anfertigen lassen kann.
www.twinkind.com

Dein Lieblingsrestaurant?
Das ***Restaurant Simon***. Im Sommer sitzt man direkt auf dem Bürgersteig neben einem kleinen Park. Ich liebe es, wie die Sonne über die Straßenflucht wandert.
www.simon-mitte.de

Der beste Ort für einen Drink?
Da gibt es viele. Starten kann man mit einem Feierabend-Drink im ***Lois***. Weiter geht es mit einem Kölsch in der ***Bar 3***. Anschließend ein Gin Tonic in der ***Bonbonbar***. Und dann ein Absacker im ***Alt-Berlin***. Oder weitermachen, zum Beispiel im ***Club der Visionäre*** oder ***Berghain***.
Lois, Linienstr. 60
Bar 3, Weydingerstr. 20
www.bonbonbar.de
Alt Berlin, Münzstr. 23
www.clubdervisionaere.com
www.berghain.de

Wie sehen deine perfekten 24 Stunden in Berlin aus?
Unbedingt ausschlafen! Dann in die ***Alte Nationalgalerie***, dort durch die Hallen schlawinern. Wenn das Wetter schön ist, eine Bootstour auf der Spree. Abends: ab in den coolsten Anzug, ins ***Grill Royal*** und anschließend durchtanzen.
www.smb.museum/ang/
www.grillroyal.com

Register

Die Autorinnen

Petra Albert lebt seit 25 Jahren in Berlin. Die studierte Architektin arbeitet schon viele Jahre als Szenenbildnerin für Film und Fernsehen. Durch ihre Arbeit hat sie schon so manchen schönen und auch eigenwilligen Ort in Berlin entdeckt. In diesem Buch bringt sie uns ihre Lieblingsplätze mit der Kamera näher.

Als waschechte Berlinerin kennt ***Ellen Teschendorf*** fast jeden Winkel der Stadt. 2007 hat sie ihren ersten Laden eröffnet, zwei weitere folgten. Seitdem beschäftigt sie sich mit schönen Dingen zum Verschenken, Wohnen und Kochen. Ihre persönliche Lieblingsliste von Shops und Restaurants verrät sie uns in diesem Buch.

Dankeschön

Wir bedanken uns bei NATIONAL GEOGRAPHIC für den enormen Vertrauensvorschuss. Dieses Projekt hat uns sehr viel Spaß gemacht und wäre ohne den Mut unseres Verlags, zwei so unerfahrene Autorinnen wie uns an Bord zu holen, nicht zu Stande gekommen.
Besonderer Dank gilt auch unserer Lektorin Stephanie Jaeschke, die uns viel Freiraum und Unterstützung gegeben hat, und unserer Grafikerin Tina Strube, der wir dieses tolle Layout zu verdanken haben. Außerdem danken wir allen, die Berlin so bunt und spannend machen, indem sie sich mit ihren Ideen verwirklichen.

Impressum

Fotos: Petra Albert
Text: Ellen Teschendorf

Veröffentlicht von NATIONAL GEOGRAPHIC Deutschland, 1. Auflage, Hamburg 2014.

Konzept: Petra Albert, Stephanie Jaeschke, Ellen Teschendorf
Lektorat: Stephanie Jaeschke, Andrea Schwendemann
Gesamtgestaltung: kleka, Tina Strube | kleka.com
Schlussredaktion: Birte Kaiser
Herstellung: G+J Druckzentrale, Heiko Belitz (Ltg.), Thomas Oehmke
Litho: Peter Becker GmbH, Würzburg
Druck: Offizin Andersen Nexö Leipzig GmbH

Printed in Germany
ISBN 978-3-86690-393-7

Bildnachweise:
Cover: Linienplan © BVG, Seite 12: Tiberius Gracchus – Fotolia.com, S. 34: Aquarium © 14 oz., Seite 39: 360b – shutterstock.com, S. 74: Zimmer (oben links) © Circus Hostel, Seite 99: siwi1 – Fotolia.com, S. 113: Zimmer (oben rechts) © Linnen, Seite 141: eska2005 – shutterstock.com, Seite 231: Fretschi – shutterstock.com, S. 264: © Alexander Bickenbach

Die National Geographic Society, eine der größten gemeinnützigen wissenschaftlichen Vereinigungen der Welt, wurde 1888 gegründet, um „die geographischen Kenntnisse zu mehren und zu verbreiten“. Sie unterstützt die Erforschung und Erhaltung von Lebensräumen sowie Forschungs- und Bildungsprogramme. Ihre weltweit mehr als neun Millionen Mitglieder erhalten monatlich das NATIONAL GEOGRAPHIC-Magazin, in dem namhafte Fotografen ihre Bilder veröffentlichen und renommierte Autoren aus nahezu allen Wissensgebieten der Welt berichten. Ihr Ziel: *inspiring people to care about the planet,* Menschen zu inspirieren, sich für ihren Planeten einzusetzen. Die National Geographic Society informiert nicht nur durch das Magazin, sondern auch durch Bücher, Fernsehprogramme und DVDs.
Falls Sie mehr über NATIONAL GEOGRAPHIC wissen wollen, besuchen Sie unsere Website unter ***www.nationalgeographic.de***.